Kurzgrammatik der koreanischen Sprache

Holmer Brochlos

Kurzgrammatik der koreanischen Sprache

Grundlagen für Koreanisch als Fremdsprache

Schmetterling Verlag

Bibliografische Informationen der Deutschen Nationalbibliothek. Die Deutsche Nationalbibliothek verzeichnet diese Publikation in der Deutschen Nationalbibliografie; detaillierte Daten sind im Internet über http://dnb.d-nb.de abrufbar.

Schmetterling Verlag GmbH
Lindenspürstr. 38 b
70176 Stuttgart
www.schmetterling-verlag.de
Der Schmetterling Verlag ist Mitglied von aLiVe.

ISBN 3-89657-402-7
1. Auflage 2017
Printed in Poland

Satz und Reproduktionen: Schmetterling Verlag
Druck: Sowa, Piaseczno

Inhalt

Vorwort

Die vorliegende «Kurzgrammatik der koreanischen Sprache – Grundlagen für Koreanisch als Fremdsprache» basiert auf 35 Jahren Erfahrung des Autors bei der Vermittlung von Koreanisch als Fremdsprache (KaF) und ist sowohl zum Selbststudium als auch als Nachschlagewerk konzipiert, richtet sich also an Anfänger/innen und Fortgeschrittene gleichermaßen. Sie bietet einen kurz gefassten, leicht handhabbaren Überblick mit verständlichen, möglichst einfachen Beispielsätzen, wodurch ein wesentlicher Schwachpunkt vorhandener KaF-Grammatiken ausgeglichen werden soll.

Die Auswahl der grammatischen Elemente erwies sich als schwierig, da es bisher kaum Untersuchungen zum Grammatikminimum des Koreanischen gibt und in den existierenden Grammatikwerken die üblichen Zuordnungen eines bestimmten Elements zur Grund-, Mittel- oder Oberstufe z.T. völlig voneinander abweichen.

Im vorliegenden Werk wurde der Fokus – dem Charakter einer Grundlagengrammatik entsprechend – auf die Grund- und Mittelstufe gelegt. In Zweifelsfällen wurde die Entscheidung über die Aufnahme empirisch getroffen, wobei ggf. eine Kennzeichnung der bevorzugten Verwendung im mündlichen oder schriftlichen Sprachgebrauch bzw. nach Stilebenen erfolgt.

Einige Themen werden in der Form zum ersten Mal in einer Grammatik-Darstellung für KaF präsentiert, z.B. die Übersichten über Personalpronomen, kompositionelle Kasus-Marker, Passiv-Kausativ-Verben und deverbale Postpositionen. Gerade der letztgenannte Punkt ist jedoch vor allem unter konfrontativem Aspekt besonders wichtig. Das Material wurde bislang vorrangig zur grammatischen Unterfütterung eines kommunikativ orientierten Sprachkurses eingesetzt, weshalb die Reihenfolge der Darstellung der grammatischen Elemente, die im Wesentlichen der Unterrichtsabfolge entspricht, eine Mischung aus Systematik und didaktischen Notwendigkeiten darstellt. Dabei wird nur bei wichtigen grammatischen Termini auch das koreanische Äquivalent angegeben.

Einige Beispielsätze lehnen sich an vorhandene Grammatikwerke an, ohne dass eine besondere Kennzeichnung erfolgte. Zurückgegriffen wurde vor allem auf:

1. 백봉자 (Paik, Pong Ja): 외국어로서의 한국어 문법사전 (Grammatik-Wörterbuch für Koreanisch als Fremdsprache). 도서출판 하우 (Hawoo-Verlag), Seoul 2006

2. 외국인을 위한 한국어 문법 연습 (Koreanische Grammatik-Übungen für Ausländer). 연세대학교 대학출판문화원 (Verlag der Yonsei-Universität), Seoul 2013
3. TOPIK Essential Grammar 150. 한글파크 (Verlag Hangulpark), Seoul 2013

Inhaltliche Anregungen habe ich vor allem meinem Doktorvater Wilfried Herrmann zu verdanken. Für die Durchsicht der koreanischen Beispielsätze und weitere muttersprachliche Assistenz danke ich ganz herzlich meiner Kollegin Pak Hohui, für die redaktionelle Hilfe und abschließende förderliche Hinweise Frau Irene Maier. Auch meiner Frau Astrid sei an dieser Stelle für ihre wertvollen Anmerkungen und ihre allseitige Unterstützung gedankt. Nicht zuletzt gilt mein besonderer Dank Victoria Oldenburger, Tobias Weiß und den KollegInnen vom Schmetterling Verlag für die stets aufgeschlossene und konstruktive Zusammenarbeit.

Holmer Brochlos
Bernau bei Berlin, im Mai 2017

Abkürzungsverzeichnis

AE	Attributivendung
AW	Attributivwort
DPP	deverbale Postposition
EV	Eigenschaftsverb
EX	Existenzverb
HS	Hauptsatz
HV	Handlungsverb
k	konsonantisch auslautend
KE	Konjunktionalendung
KF	Kurzform
KKM	kompositioneller Kasus-Marker
KM	Kasus-Marker
KV	Kopulaverb
LF	Langform
N	Nomen
N-k	Nomen konsonantisch auslautend
NS	Nebensatz
N-v	Nomen vokalisch auslautend
QM	qualifizierender Marker
SSE	Satzschlussendung
V	Verb
v	vokalisch auslautend
Vst	Verbstamm
WG	Wortgruppe

1. Allgemeine Bemerkungen zur koreanischen Sprache

Koreanisch wird weltweit von ca. 80 Mio. Menschen gesprochen (ca. 50 Mio. in Süd- und 25 Mio. in Nordkorea, dazu 5–6 Mio. Sprecher als «heritage language», also geerbte Sprache). Das sind vor allem:

- 1,5–2 Mio. in China
- 1,5–2 Mio. in den USA, vor allem auf Hawaii
- 0,7 Mio. in Japan
- 0,5 Mio. auf dem Gebiet der ehem. Sowjetunion (vor allem in Kasachstan, aber auch im Fernen Osten: Wladiwostok, Sachalin)

Damit belegt das Koreanische nach Anzahl der Sprecher Platz 12 von ca. 3.000 Sprachen in der Welt.

1.1 Typologische Einordnung

Koreanisch zählt zu den agglutinierenden Sprachen, weist aber auch flektierende Züge auf, vor allem bei Verben und Pronomen. Agglutinierende Sprachen sind Sprachen, die einem unveränderlichen Stamm die Suffixe oder Präfixe der Derivation und Flexion, die ursprünglich selbstständige Wörter waren, anhängen («anleimen»).
Hier ein Beispiel für den agglutinierenden Charakter des Koreanischen:

가시었겠지요
[ka(1) -si(2) -ŏt(3) -get(4) -ji(5) -yo(6)]

1 Wortwurzel «gehen»
2 Höflichkeitsmorphem für den Handlungsträger
3 Vergangenheitssuffix
4 Futursuffix (weitere Verwendungen unter Punkt 9.3.4)
5 Suffix rhetorische Frage / bestätigende Aussage
6 Höflichkeitsendung, sprechpartnerbezogen → «er/sie/jd. wird bestimmt gegangen sein»

1.2 Genealogische Einordnung

Die genaue Herkunft des Koreanischen und damit die Einordnung in eine bestimmte genealogisch definierte Sprachfamilie ist umstritten. Verschiedene Versuche der Zuordnung z.B. zu den Dravida-Sprachen des südlichen Indien (vgl. die These von H.B. Hulbert) oder sogar zur indogermanischen Sprachfamilie (vgl. André Eckardt, Heinrich Koppelmann) sind nicht überzeugend. Ein Zusammenhang mit paläoasiatischen Sprachen wäre eher denkbar. Am weitesten verbreitet ist heute die Ansicht, dass Koreanisch zur Gruppe der ural-altaischen Sprachen und damit zur altaischen Sprachfamilie gehört (wie z.B. auch Türkisch, Mongolisch, Tungusisch). Gemeinsamkeiten sind neben der Agglutination (s. Punkt 1.1) einerseits auch das Vorhandensein einer Vokalharmonie und eines Konverbs, andererseits das Fehlen von Relativpronomen, Konjunktionen und Artikeln sowie von Numerus und Genus (s. Punkt 3.1.1). Allerdings gibt es auch Unterschiede, welche die Zuordnung erschweren. Beispielsweise existieren im Koreanischen Endungen für Subjektskasus und Vokativ sowie für den Imperativ, und die Eigenschaftswörter unterliegen der Verbalflexion. Des Weiteren gibt es ambivalente Verben, die sowohl als prozessive wie auch als qualitative Verben verwendet werden. Besonders auffällig ist die sehr große Ähnlichkeit im Sprachbau (im strukturellen Bereich, in der Syntax) mit dem Japanischen. Die Erklärungen hierfür sind umstritten. Auch wenn geographische, historische und ethnologische Forschungen die Möglichkeit einer Verwandtschaft nahelegen, erweist sich ihr Nachweis im Bereich der Lexik als schwierig.

Die Zugehörigkeit des Koreanischen zu den sogenannten «Macro-to-micro languages» ist ein weiteres Indiz für seine Verwandtschaft mit den altaischen Sprachen. Das heißt, die sprachliche Reihenfolge verläuft immer von der größeren zur kleineren Einheit (und damit in der Regel in umgekehrter Richtung wie z.B. im Deutschen). Hier einige Beispiele:

- bei Namen: Familienname, Vorname, Titel/Positionsbezeichnung
  박근혜 대통령 – Park Geun-Hye Präsidentin

- bei Adressen: Land, Stadt, Wohnbezirk, Wohnviertel/Straße, Hausnummer
  대한민국 서울시 중구 필동1 – Republik Korea, Seoul, Jung-gu, Pil-dong 1

- Bei Datumsangaben: 1945년8월15일 –1945, August, 15.

1.3 Kurzer sprachgeschichtlicher Abriss

Das Altkoreanische (vor ca. 2.000 Jahren) gliederte sich noch in die Puyŏ-Sprachen im Norden und die Han-Sprachen im Süden der koreanischen Halbinsel. Erst mit der Vereinigung durch das Silla-Reich im 7. Jh. n. Chr. kam es zur Herausbildung einer homogenen Sprache. Mit Beginn der Koryŏ-Dynastie wurde die Hauptstadt dann in das Zentrum der Halbinsel (in das heutige Kaesŏng) verlegt, was jenen Prozess weiter beschleunigte und schließlich zur Herausbildung des Mittelkoreanischen führte. Mit dem Machtantritt der Chosŏn-Dynastie (auch Yi-Dynastie genannt) wurde die Hauptstadt in das nur unweit entfernte Seoul verlegt, sodass sich das Mittelkoreanische letztlich ohne größere Modifikationen zum modernen Koreanisch entwickeln konnte.

1.4 Dialekte, Nord- und Südkoreanisch

Eine Einteilung des Koreanischen nach Dialekten erfolgt gewöhnlich nach 6 Regionen (bzw. 7, wenn der 충청도-Dialekt zwischen dem zentralen und südlichen Dialekt getrennt betrachtet wird):

a) mittelkoreanische/zentrale Dialekte: 서울, 경기도, 황해남/북도, 강원도, 충청남/북도
   = Standardsprache (표준어) in der Republik Korea (Südkorea)
b) nordwestliche Dialekte: 평양, 평안남/북도, 자강도
   = Standardsprache (문화어) in der Demokratischen Volksrepublik Korea / DVRK (Nordkorea)
c) nordöstliche Dialekte: 함경남/북도, 량강도
d) südwestliche Dialekte: 전라남/북도
e) südöstliche Dialekte: 경상남/북도
f) 제주도-Dialekt (unterscheidet sich aufgrund eigentümlicher Besonderheiten stark von allen anderen genannten Dialekten)

Mit der Teilung des Landes im Jahr 1945 begann eine fortschreitende Auseinanderentwicklung der Sprache in Nord- und Südkorea. Die staatlich gesteuerten sprachpolitischen Maßnahmen in Nordkorea einerseits und die Einflüsse der Globalisierung in Südkorea andererseits zeigen diametrale Wirkung. In Nordkorea wurde zwar die Pyŏngyanger Sprache (der Nordwest-Dialekt) als Basis für die Standardsprache genommen, doch auch diese so genannte 문화어 («Kultursprache») baut auf der ererbten gesamtkoreanischen sprachlichen

Norm auf. Deren Traditionslinie ist zwar gebrochen, aber nicht aufgehoben. Dennoch sind die Unterschiede im Sprachgebrauch erheblich und treten in allen Bereichen der Sprache zutage, vom Wortschatz über die Stilistik bis hin zur Grammatik. Sie übertreffen die ehemals zwischen dem Deutschen in Ost- und in Westdeutschland existierenden Unterschiede bei Weitem. Dies ist beachtenswert, wenn man bedenkt, dass diese von einigen Linguisten schon als «zwei Varianten der deutschen Sprache» betrachtet wurden.

1.5 Wortschatz

Der ständige politische und kulturelle Einfluss Chinas auf Korea über die verschiedenen Dynastien hinweg hinterließ unauslöschliche Spuren im geschriebenen und gesprochenen Koreanisch. Der Wortschatz ist dreigeteilt:

a) altkoreanische Wörter (고유어)
b) sino-koreanische Wörter (한자어): ca. 60–70 % der Lexik. Wesentliche Vokabeln aus den Gebieten Gesellschaft, Politik, Kultur, Philosophie, Naturwissenschaft, aber auch Namen (Vor- und Familiennamen, Ortsnamen) sind überwiegend sino-koreanischen Ursprungs. Sie wurden jedoch phonetisch assimiliert, d.h. der koreanischen Aussprache angepasst. Ein ähnliches Phänomen findet man auch in anderen «Nachbarsprachen» des Chinesischen, wie z.B. im Japanischen oder Vietnamesischen.
c) Fremd-/Lehnwörter, vor allem aus dem Englischen (외래어)

2. Grundlegende morpho-syntaktische Merkmale

2.1 Überblick Satzgliedfolge (문장성분)

Die grundlegende Satzgliedfolge im Koreanischen ist S-O-V (Subjekt-Objekt-Verb) bzw. S-O-P (Subjekt-Objekt-Prädikat). Das heißt, das Verb bzw. das Prädikat steht immer am Ende des Satzes, was für Sprecher indoeuropäischer Sprachen ein grundsätzliches Umdenken erfordert.

Bsp.: 나는 학교에 간다. – *ich Schule-in gehen*[1] → Ich gehe in die Schule.

Die Beziehungen zwischen den Satzgliedern werden nicht durch Präpositionen, sondern durch Postpositionen/Kasusendungen/Kasus-Marker ausgedrückt (s. Punkte 5–7). Da die Satzgliedfunktionen dadurch eindeutig markiert sind, ist die Reihenfolge der Satzglieder vor dem Prädikat relativ flexibel. Bsp.:

- 철수가 영희를 사랑한다. – *ch'ŏlsu*-[Subjekt-Marker 가] *yŏnghŭi*-[Objekt-Marker 를] *lieben* (S-O-P) → Ch'ŏlsu liebt Yŏng-hŭi.
- 영희를 철수가 사랑한다. – *yŏnghŭi*-[Objekt-Marker 를] *ch'ŏlsu*-[Subjekt-Marker 가] *lieben* (O-S-P) → Yŏng-hŭi ist diejenige, die Ch'ŏlsu liebt.

Werden die Kasus-Marker weggelassen, was vor allem in der mündlichen Sprache geschieht, gilt in der Regel S-O-P. Bsp.:

- 민호 책 읽는다. – *Minho Buch lesen* → Min-ho liest ein Buch.

Ein Satz bleibt grammatikalisch korrekt, selbst wenn alle Satzglieder (bis auf das Prädikat) weggelassen werden (auch das Subjekt!). Das hängt u. a. damit zusammen, dass das Koreanische eine sogenannte «kontextorientierte Sprache» ist. Bsp.:

- 왔습니다. – *kommen-Vergangenheitsendung* → Ich bin / Er/Sie/Es ist / Wir sind gekommen.

Des Weiteren gilt, dass nähere Bestimmungen immer vor dem Wort stehen, welches näher bestimmt wird. Diese Erscheinung («das Bestimmende steht vor dem Bestimmten») wird auch als das «Altaische Grundgesetz» bezeichnet. Bsp.:

- Adverb steht vor dem Verb: 그는 잘 먹는다. – *er gut essen* → Er isst gut.

1 Kursivschreibung in den Beispielsätzen verweist auf eine sehr originalnahe, in einigen Fällen nahezu eine Wort-für-Wort-Übersetzung ins Deutsche, um die Struktur des koreanischen Satzes besser verständlich zu machen.

- Relativsatz vor dem Nomen: 한국에 간 사람 – *Korea-nach gefahrener Mensch* → die Person, die nach Korea gefahren ist
- Genitiv-Attribut vor dem Nomen: 아버지의 집 – *Vater-[Genitiv-Marker* 의] *Haus* → das Haus des Vaters / Vaters Haus
- Hauptverb vor dem Hilfsverb: 나는 자고 싶다. – *ich schlafen möchten* → Ich möchte schlafen.

2.2 Satzbau-Grundmuster (기본 문장 패턴)

Die drei Grundmuster des koreanischen Satzbaus sind:
무엇이 무엇이다. – Etwas/Jemand ist etwas/jemand.
무엇이 어찌한다. – Etwas/Jemand verhält sich (irgendwie) / hat eine bestimmte Eigenschaft.
무엇이 무엇을 어찌한다. – Etwas/Jemand macht etwas.

In seiner Grundstruktur besteht ein Satz aus einem Prädikat und Satzgliedern, die von diesem regiert werden (im Sinne von «Rektion» als Fähigkeit des Prädikats bzw. Verbs, bestimmte obligatorische oder fakultative «Mitspieler» zu verlangen). Dieser Ansatz wird in der Linguistik als Valenztheorie bezeichnet. Unter valenztheoretischem Aspekt lassen sich für das Koreanische 34 Satzmodelle* bestimmen (nach Helbig/Buscha: DaF – ein internationales Handbuch):

Satzmuster	Satzbaupläne	Beispielsätze
1. NomE	NomE/NG	아기가 운다. Das Kind weint.
	NomE/SNG	그가 집에 있는 것이 수상하다. Dass er zu Hause ist, ist verdächtig.
2. NomE DnomE	NomE DnomE	나는 책을 읽는다. Ich lese ein Buch.
	NomE (DnomE/NG)	나는 (물을) 마신다. Ich trinke (Wasser).
	NomE (DnomE/SNG)	나는 (그가 올 것을) 안다. Ich weiß, (dass er kommen wird).
3. NomE InomE	NomE InomE	나는 그에게 묻는다. Ich frage ihn.

4. NomE AblE	NomE AblE NomE (AblE)	그가 학교에서 나온다. Er kommt aus der Schule. 문제는 거기에서 시작한다. Das Problem fängt da an. 그는 (꿈에서) 깨어났다. Er wachte (aus dem Traum) auf. 그는 (집을) 떠났다. Er ging (von Zuhause) weg.
5. NomE DirE	NomE DirE	나는 학교에 간다. Ich gehe in die Schule. 기차가 부산으로 떠난다. Der Zug fährt nach Pusan ab.
6. NomE LokE	NomE LokE NomE (LokE)	나는 시골에(서) 산다. Ich wohne auf dem Lande. 그림이 (벽에) 걸려있다. Das Bild hängt (an der Wand).
7. NomE ArtE	NomE ArtE	우리는 검소하게 산다. Wir leben bescheiden.
8. NomE KauE	NomE (KauE)	그는 (사고로) 죽었다. Er starb (bei einem Unfall). 옷이 (비에) 젖었다. Die Kleidung wurde nass (vom Regen).
9. NomE FinE	NomE FinE/NG NomE FinE/VG	나는 사냥을 간다. Ich gehe auf die Jagd. 나는 밥 먹으러 간다. Ich gehe essen.
10. NomE AdvE	NomE AdvE	수업이 한 시간 걸린다. Der Unterricht dauert eine Stunde.
11. NomE ResE	NomE ResE NomE (ResE)	물이 얼음이 되었다. Das Wasser wurde zu Eis. 그 반이 (둘로) 나누어졌다. Die Klasse wurde (in zwei Gruppen) geteilt.
12. NomE SozE	NomE SozE NomE (SozE)	나는 형과 싸웠다. Ich stritt mit meinem Bruder. 나는 (형하고) 간다. Ich gehe (mit meinem Bruder).
13. NomE QualE	NomE QualE NomE (QualE)	나는 선생이다. Ich bin Lehrer. 나는 (의장으로) 뽑혔다. Ich wurde (zum Vorsitzenden) gewählt.

14. NomE KomE	NomE (KomE)	그가 (형보다) 낫다. Er ist besser (als sein Bruder). 이 방이 (저 방처럼) 좋다. Dieses Zimmer ist (so) schön (wie jenes).
15. NomE InomE DnomE	NomE InomE (DnomE) NomE (InomE) DnomE	그는 나에게 (길을) 묻는다. Er fragt mich (nach dem Weg). 그는 (나에게) 책을 준다. Er gibt (mir) ein Buch.
16. NomE AblE DnomE	NomE (AblE) DnomE	그는 (나한테서) 책을 받았다. Er erhielt (von mir) ein Buch.
17. NomE DnomE DirE	NomE DnomE (DirE)	그는 나를 (거리로) 불러낸다. Er ruft mich (hinaus auf die Straße).
18. NomE DnomE LokE	NomE DnomE (LokE)	나는 그를 (길에서) 만났다. Ich traf ihn (auf der Straße).
19. NomE DnomE ArtE	NomE (DnomE) ArtE	나는 (그분을) 정중하게 대한다. Ich verhalte mich (ihm gegenüber) höflich.
20. NomE DnomE KauE	NomE DnomE (KauE)	나는 (일자리 때문에) 사장을 만난다. Ich suche den Chef (wegen einer Stelle) auf.
21. NomE DnomE AdvE	NomE DnomE (AdvE)	어머니가 용돈을 (천 원) 주신다. Die Mutter gibt ein Taschengeld (von 1000 Wŏn).
22. NomE DnomE QualE	NomE DnomE QualE NomE DnomE (QualE)	그는 그녀를 아내로 삼는다. Er nimmt sie zur Frau. 선생님이 (상으로) 책을 준다. Der Lehrer schenkt (als Belohnung) ein Buch.
23. NomE DnomE ResE	NomE DnomE (ResE)	우리는 그를 (반장으로) 뽑았다. Wir wählten ihn (zum Klassensprecher).
24. NomE DnomE SozE	NomE DnomE (SozE)	나는 쌀을 (책과) 바꾸었다. Ich tauschte Reis (gegen Bücher).
25. NomE DnomE KomE	NomE DnomE (KomE)	나는 피리를 (형보다) 잘 분다. Ich spiele Flöte besser (als mein Bruder).

26. NomE InomE QuoE	NomE InomE (QuoE) NomE (InomE) QuoE	그는 나에게 (훔쳤다고) 고백한다. Er gesteht mir, (gestohlen zu haben). 어머니가 (나보고) 가라고 하신다. Die Mutter sagt (mir), dass ich gehen soll.
27. NomE AblE DirE	NomE (AblE) DirE NomE AblE (DirE)	나는 (부산에서) 서울로 간다. Ich fahre (von Pusan) nach Seoul. 나는 부산에서 (서울로) 왔다. Ich bin von Pusan (nach Seoul) gekommen.
28. NomE SozE DirE	NomE (SozE) DirE	나는 (형과) 집에 간다. Ich gehe (mit meinem Bruder) nach Hause.
29. NomE SozE LokE	NomE SozE (LokE)	나는 그녀와 (집에서) 만난다. Ich treffe mich mit ihr (zu Hause).
30. NomE KauE AblE	NomE KauE (AblE) NomE (KauE) AblE	나는 바람소리에 (깊은 잠에서) 깼다. Ich wachte durch den Wind (aus tiefem Schlaf) auf. 꽃병이 (바람 때문에) 책상에서 떨어졌다. Die Vase fiel (durch den Wind) vom Tisch.
31. NomE KauE ResE	NomE (KauE) ResE	그 성이 (화재로) 폐허가 되었다. Dieses Schloss wurde (durch den Brand) zur Ruine.
32. NomE InomE DnomE AdvE	NomE (InomE) DnomE (AdvE)	어머니가 (나에게) 용돈을 (천원) 주신다. Die Mutter gibt (mir) ein Taschengeld (von 1000 Wŏn).
33. NomE InomE DnomE QualE	NomE (InomE) DnomE (QualE)	그는 (나에게) 사전을 (상으로) 준다. Er überreicht (mir) (als Belohnung) ein Wörterbuch.
34. NomE DnomE AblE DirE	NomE DnomE (AblE) DirE NomE DnomE AblE (DirE)	그는 책상을 (창고에서) 복도로 옮긴다. Er trägt den Tisch (vom Speicher) auf den Flur. 나는 물을 우물에서 (집으로) 나른다. Ich bringe Wasser vom Brunnen (nach Hause).

*** Erläuterung der Abkürzungen:**

AblE	Ablativergänzung (Ausgangspunkt einer Handlung / eines Vorgangs)
AdvE	Adverbialergänzung (Zeitpunkt/Zeitraum, Quantität)
ArtE	Artergänzung (Art und Weise einer Handlung / eines Zustands)
DirE	Direktivergänzung (Richtung/Zielort einer Handlung)
DnomE	Direkte Nominalergänzung (direktes Objekt)
FinE	Finalergänzung (Ziel/Zweck eines Geschehens)
InomE	Indirekte Nominalergänzung (indirektes Objekt)
KausE	Kausalergänzung (Ursache/Grund eines Geschehens)
KomE	Komparativergänzung (Vergleichsobjekt)
LokE	Lokativergänzung (Ort einer Handlung, eines Vorgangs/ Zustands)
NG	Nominalgruppe
NomE	Nominalergänzung (Subjekt)
QualE	Qualitativergänzung (Eigenschaft, Beurteilung, Funktion, Qualifikation)
QuoE	Quotativergänzung (indirekt vermittelte Aussage einer anderen Person)
ResE	Resultativergänzung (Resultat einer Handlung/ Zustandsveränderung)
SNG	Satzförmige Nominalgruppe
SozE	Soziativergänzung (gemeinschaftliche Beziehung mit dem Agens)
VG	Verbalgruppe

2.3 Satzerweiterungen

Einfache Sätze (mit nur einem Subjekt und einem Prädikat) lassen sich auf verschiedene Weise zu komplexen Sätzen verknüpfen (die obige Tabelle enthält unter Satzmuster 1, 2, 9 und 26 bereits «Satzförmige Nominalgruppen», «Verbalgruppen» und «Quotativergänzungen»). Prinzipiell gibt es zwei Möglichkeiten der Satzerweiterung, und zwar die konjunktionale Verknüpfung (s. Punkt 14) und die Einbettung. Eingebettete Sätze wiederum können sein: Attributsätze (s. Punkt 15), Zitatsätze (s. Punkt 16) und nominalisierte Sätze (s. Punkt 17).

2.4 Überblick über soziative Bezüge, Honorativ- und Bescheidenheitsformen (높임말)

Ausdrucksformen von Höflichkeit und Bescheidenheit sind im Koreanischen sehr stark entwickelt. Am deutlichsten und systematischsten zeigt sich dies bei der Verbflexion, wo der Höflichkeitsausdruck je nach Sprecher-Gesprächspartner-Beziehung (dem sogenannten soziativen Bezug) durch sechs unterschiedliche Endungen beim Prädikat (den Satzschluss- oder Terminalendungen) zum Ausdruck gebracht werden kann (s. Punkt 8). Dieser soziative Bezug drückt sich auch in Bescheidenheitsformen für Personalpronomen der 1. Person aus, z. B.:

- 나 → 저 – ich / «meine Wenigkeit»
- 우리 → 저희 – wir

Eine zweite Ebene der Höflichkeit, die unabhängig von der erstgenannten existiert, ist die auf den Handlungsträger bezogene Höflichkeit, manchmal auch als subjektbezogene/subjektorientierte Höflichkeit bezeichnet. Sie verlangt beim Prädikat die präfinale Endung –시– bzw. bei konsonantischem Stammauslaut –으시– (s. Punkt 10). Dieser Höflichkeitsausdruck geht in der Regel einher mit der Verwendung des honorifizierenden Subjekt-Markers –께서 und des Honorativ-Suffixes –님, das an Personenbezeichnungen, Titel etc. gefügt werden kann (manchmal unter Weglassung eines ursprünglichen Teils der Personenbezeichnung, vgl. etwa die Silbe «지» bei «아버지 → 아버님»). Bsp.:

- 과장 → 과장님 – (verehrter) Abteilungsleiter
- 아버지 → 아버님 (verehrter Herr) Vater
- 어머니 → 어머님 – (verehrte Frau) Mutter
- 할아버지 → 할아버님 – (verehrter Herr) Großvater
- 할머니 → 할머님 – (verehrte Frau) Großmutter
- 형 → 형님 – (verehrter) älterer Bruder
- 누나 → 누님 – (verehrte) ältere Schwester

Außerdem gibt es spezielle honorifizierende Formen bestimmter Substantive, z. B.:

- 나이 → 연세 – Alter
- 말 → 말씀 – Wort(e)
- 밥 → 진지 – Essen/Speise

- 생일 → 생신 – Geburtstag
- 이름 → 성함 – Name (einer Person)
- 집 → 댁 – Haus, Wohnung, Familie

Schließlich weisen auch bestimmte Verben spezielle, auf den Handlungsträger bezogene honorifizierende Formen auf, z. B.:

- 먹다 → 잡수시다 – essen/speisen
- 있다 → 계시다 – da sein, vorhanden sein / sich befinden
- 자다 → 주무시다 – schlafen
- 죽다 → 돌아가시다 – sterben/versterben, verscheiden

Als dritte Ebene wird der sogenannte objektorientierte Höflichkeitsausdruck betrachtet, der sich zum einen in dem honorifizierenden Marker für das indirekte Objekt / den Direktiv-Marker –께 und zum anderen in verschiedenen Bescheidenheitsformen von Verben äußert, z. B.:

- 데리다 → 모시다 – mit sich nehmen / begleiten
- 묻다 → 여쭙다 (auch: 여쭈다) – fragen
- 보다 → 뵙다 – sehen, schauen
- 주다 → 드리다 – geben/reichen

Die folgenden Beispielsätze demonstrieren das Zusammenspiel – bei gleichzeitiger Selbstständigkeit – der drei Höflichkeitsarten («+» bedeutet Honorifizierung, «-» bedeutet keine Honorifizierung):

- 민수가 동생에게 밥을 주었다. (Subjekt - / Objekt - / Hörer -) – Min-su gab dem jüngeren Bruder / der jüngeren Schwester sein/ihr Essen.
- 민수가 동생에게 밥을 주었습니다. (Subjekt - / Objekt - / Hörer +) – Min-su gab dem jüngeren Bruder / der jüngeren Schwester sein/ihr Essen. (im Deutschen also unverändert)
- 어머니께서 민수에게 밥을 주었다. (Subjekt + / Objekt - / Hörer -) – Die Mutter gab Min-su sein Essen.
- 어머니께서 민수에게 밥을 주셨습니다. (Subjekt + / Objekt - / Hörer +) – Die Mutter gab Min-su sein Essen. (im Deutschen also unverändert)
- 민수가 어머니께 진지를 드렸다. (Subjekt - / Objekt + / Hörer -) – Min-su gab der Mutter ihr Essen.
- 민수가 어머니께 진지를 드렸습니다. (Subjekt - / Objekt + / Hörer +) – Min-su gab der Mutter ihr Essen. (im Deutschen also unverändert)
- 어머니께서 할머니께 진지를 드리셨다. (Subjekt + / Objekt + / Hörer -) – Die Mutter gab der Großmutter ihr Essen.

- 어머니께서 할머니께 진지를 드리셨습니다. (Subjekt + / Objekt + / Hörer +) – Die Mutter gab der Großmutter ihr Essen. (im Deutschen also kein Unterschied zum vorigen Beispiel)

3. Wortarten (품사)

Wie wohl für die meisten Sprachen existieren auch für das Koreanische verschiedene Wortarten-Einteilungen, je nachdem, welche Kriterien man zugrundelegt. Aus didaktischen Gründen wird meist eine Mischform der Klassifizierung auf der Grundlage syntaktischer und semantischer Merkmale bevorzugt. Dabei werden neun Wortarten bestimmt, die sich wiederum vier Obergruppen zuordnen lassen. Für das Koreanische ergibt sich damit folgende Wortarten-Klassifizierung (한국어 품사분류, 씨가름):

1) Nomina (Substantivwörter) – 체언 (體言)
   - Nomen, Substantive – 명사 (名詞)
   - Pronomen – 대명사 (代名詞)
   - Numeralien – 수사 (數詞)
2) Verben (Prädikatswörter) – 용언 (用言)
   - Handlungsverben, Bewegungsverben, prozessive Verben – 동사 (動詞)
   - Eigenschaftsverben, Zustandsverben, qualitative Verben – 형용사 (形容詞)
   - Kopulaverben – 지정사 (指定詞), (서술격 조사)
   - Existenzverben – 존재사 (存在詞)
3) Bestimmungswörter (Modifikatoren) – 수식언 (修飾言)
   - Attributivwörter – 관형사 (冠形詞)
   - Adverbien – 부사 (副詞)
4) selbstständige Wörter – 독립언 (獨立言)
   - Interjektionen – 감탄사 (感嘆詞), (NK: 감동사)

Traditionell sehen viele koreanische Grammatiken auch noch die Beziehungswörter 관계언 (關係言) als eine zusätzliche 5. Obergruppe an, unter der dann die sogenannten Hilfswörter 조사 (助詞), auch 토씨 oder kurz 토 genannt, eingeordnet werden. Diese kann man jedoch nur noch diachronisch (historisch) gesehen als selbstständige «Wörter» betrachten. Synchronisch (d.h. bezogen auf den heutigen Zustand der Sprache) können sie nur noch als Endungen, Marker, ggf. Postpositionen etc. betrachtet werden (s. Punkt 5). Nach rein morphologischen Kriterien lässt sich auch eine Obereinteilung in flektierbare Wörter 활용어 (活用語), 가변어 (可變語) und unflektierbare Wörter 불변어 (不變語) vornehmen, was jedoch für Koreanisch als Fremdsprache (KaF) nicht sehr hilfreich ist.

3.1 Nomina (Substantivwörter 체언)

Zu den Nomina gehören alle Wörter, die im Grundmuster eines koreanischen Satzes (s. Punkt 2.2) die Stelle 무엇 einnehmen können.

3.1.1 Nomen (명사)

Diese besitzen weder ein grammatisches Geschlecht (Genus) noch eine Zahl (Numerus). Es gibt zwar die Endung -들 zur Kennzeichnung des Plurals (Plural-Marker, z. B. 사람 – der/ein Mensch, 사람들 – die Menschen), doch ist diese meist nur bei Personen obligatorisch und wird ansonsten kontextbedingt weggelassen. Ein Nomen wie z. B. 산 (山) könnte also – losgelöst vom Kontext – mindestens acht Entsprechungen haben: Berg, der Berg, ein Berg, Berge, die Berge, Gebirge, das Gebirge, die Gebirge. Semantisch einteilen lassen sich die Nomen in allgemeine Substantive (일반명사), z. B.:

- 사람 – der Mensch
- 새 – der Vogel

Und Eigennamen (고유명사), z. B.:

- 부산 – Pusan
- 세종대왕 – König Sejong der Große

3.1.2 Funktionalnomen (기능명사)

Funktionalnomen sind Nomen, die ihre ursprüngliche lexikalische Bedeutung weitestgehend verloren haben und nur noch in grammatischen Konstruktionen eine bestimmte Funktion ausüben. Sie können nicht allein im Satz verwendet werden, sondern brauchen immer ein Attribut oder zumindest ein Attributwort bei sich. Daher werden sie auch «abhängige Nomen» (의존명사) oder «unvollständige Nomen» (불완전명사) genannt. Die wichtigsten Funktionalnomen sind:

1) 것 – Ding, Sache

a) N 것(이다) – Besitzanzeige (jemandes Ding sein), meist mit der Kontraktionsform 거 (ㅅ-Wegfall)
   - 이 책은 유미 씨 거예요. – *Dieses Buch ist Yu-mis Ding.* → Dieses Buch gehört Yu-mi.
   - 이 볼펜은 내 거야. – Das ist mein Kugelschreiber.

b) Vst -(으)ㄹ 것이다 – Ausdruck der Wahrscheinlichkeit, Annahme für die Zukunft
   - 이번 주에 그는 부산에 갈 것입니다. – Diese Woche wird er wahrscheinlich nach Pusan fahren.

c) Vst -(으)ㄴ/는 것(이다) – Ausdruck der Tatsächlichkeit einer Handlung / eines Ereignisses in der Gegenwart oder Vergangenheit, Bildung einer Streckform des Prädikats (Paraphrasierung des einfachen Prädikats)
  - 이 옷은 어제 시장에서 산 것입니다. – Diese Sachen habe ich gestern auf dem Markt gekauft.
  - 이러한 책은 누가 읽는 거예요? – Wer liest denn solche Bücher?

d) Vst -(으)ㄴ/는/(으)ㄹ 것 같다 – Ausdruck des Anscheins: «scheinen zu»
  - 그가 이 집에 살고 있는 것 같아요. – Er scheint in diesem Haus zu wohnen.
  - 수업이 벌써 끝난 것 같습니다. – Der Unterricht scheint schon zu Ende zu sein.
  - 비가 올 것 같아요. – *Es scheint, dass Regen kommen wird.* → Es sieht nach Regen aus.

e) Vst -(으)ㄹ 건가(요) – Erfragen der Absicht/Meinung des Hörers (Kontraktion von ㄹ 것인가요)
  - 일찍 집에 갈 건가요? – *Ist es so, dass Sie früh nach Hause gehen wollen?* → Wollen Sie früh nach Hause gehen?

f) Vst -(으)ㄹ 걸(요)? – als Frage: Ausdruck einer zweifelnden Meinung/Einschätzung
  - 김 선생님은 댁에 안 계실걸요? – Aber Herr Kim ist doch wohl nicht zu Hause, oder?

g) Vst -(으)ㄹ 걸 (그랬다) – Ausdruck der Reue / des Bedauerns über eine unterlassene Handlung

⚠ 주 Das Subjekt ist immer 1. Person.
  - 우산을 가져올걸 (그랬어요). – Hätte ich bloß einen Regenschirm mitgenommen.

h) Vst -(으)ㄹ 것 없다 – Ausdruck einer Nichtnotwendigkeit: «nicht brauchen, nicht nötig sein»
  - 너무 걱정할 것 없어요. – Sie brauchen sich nicht zu viele Sorgen zu machen.

⚠ 주 Das Antonym -(으)ㄹ 것 있다 kann nur in rhetorischen Fragen verwendet werden.
  - 말을 듣지 않는 사람에게 뭐 말할 것이 있겠습니까? – Warum sollte man mit jemandem reden, der nicht hören will?

2) 겸 – Ausdruck des gleichzeitigen Vorhandenseins zweier verschiedener Funktionen bei ein und derselben Sache/Person.

a) N 겸 N

- 그는 편집인 겸 발행인이다. – Er ist Redakteur und (gleichzeitig) Herausgeber

b) Vst -(으)ㄹ 겸 – Zwei Handlungen werden «mit dem gleichzeitigen Ziel» zusammen vollzogen.

⚠ 주 Kann nur mit prozessiven Verben verwendet werden.

- 한국말도 배울 겸 친척도 만날 겸 서울에 왔습니다. – Ich bin nach Seoul gekommen, um Koreanisch zu lernen und gleichzeitig meine Verwandten zu treffen.

⚠ 주 Die Konstruktion (으)ㄹ 겸 kann kontextbedingt auch nur einmal verwendet werden.

- 구경도 할 겸 출장 가려고 해요. – Ich plane auf Dienstreise zu gehen, verbunden mit einer Besichtigungstour.

3) 김 – Gelegenheit, nur in der Form Vst -(으)ㄴ/는 김에

- 시장에 가는 김에 빵도 사 와요. – Wenn du zum Markt gehst, bring doch gleich noch Brot mit.
- 이왕 전화한 김에 하나만 물어보자. – Wo ich dich nun schon am Telefon habe – eine Frage hätte ich noch.

4) 대로 – Vergleich «so ... wie ...»

a) Vst -(으)ㄴ/는 대로

- 하고 싶은 대로 하세요. – Machen Sie (es), wie Sie wollen.
- 교수님께서 말씀하신 대로 했어요. – Ich habe es so gemacht, wie der Professor gesagt hat.

b) Vst -는 대로 – «sobald», ähnelt von der Bedeutung her der KE -자/자마자.

⚠ 주 Kann nur mit prozessiven Verben verwendet werden.

- 집에 도착하는 대로 전화 좀 하세요. – Rufen Sie mich bitte an, sobald Sie zu Hause ankommen.

Ein Beispiel für die semantische Verschmelzung beider Arten wäre:

- 그는 돈을 버는 대로 다 써 버려요. – So, wie er das Geld verdient / Sobald er Geld verdient, gibt er es auch aus.

5) 듯 – Erscheinung, Ähnlichkeit «so als ob»

a) Vst –듯(이) – Ausdruck einer Vergleichbarkeit oder eines Anscheins

- 땀을 비 오듯이 흘려요. – *Er lässt den Schweiß fließen, als ob es regnet.* → Ihm fließt der Schweiß in Strömen.

b) Vst –(으)ㄴ/는/(으)ㄹ 듯(이) – Ausdruck einer Vermutung oder eines Anscheins
- 집은 아무도 없는 듯이 조용했다. – Das Haus war ruhig, als ob niemand da wäre.

⚠ 주 Unterschied Vst –듯(이) und Vst –(으)ㄴ/는/(으)ㄹ 듯(이): Die erste Form beschreibt einen allgemeinen Vergleich, die zweite bezieht sich immer auf eine konkrete Situation und drückt damit eine Vermutung aus.

c) Vst –(으)ㄴ/는/(으)ㄹ 듯하다/듯싶다 – «scheinen (als ob)», gleiche Bedeutung wie –것 같다
- 저 사람은 학생인 듯해요. – Er scheint Student zu sein.
- 착각하신 듯싶습니다. – Mir scheint, das haben Sie missverstanden.

⚠ 주 Unterschied –듯하다/듯싶다: –듯싶다 betont die subjektive Meinung des Sprechers.

6) 리 – Ursache, Logik

–(으)ㄹ 리(가) 없다 – «es kann nicht sein, dass ...»
- 그 사람이 약속을 잊을 리가 없어요. – Es kann nicht sein, dass er eine Verabredung vergisst.
- 그럴 리가 없다. – Das kann nicht sein. / Das gibt es gar nicht.

주 In Fragen ist auch –(으)ㄹ 리(가) 있다 möglich. Man drückt damit Zweifel bzw. die Erwartung eines gegensätzlichen Ergebnisses aus.
- 핸드폰이 터질 리가 있어? – Kann es wirklich sein, dass ein Handy explodiert?

7) 무렵 – (ungefähre) Zeit

a) AW 무렵
- 그 무렵에 – zu der Zeit etwa, in jener Zeit

b) N 무렵
- 저녁 무렵에 – gegen Abend

c) –(으)ㄹ 무렵(에)
- 해질 무렵에 집에 돌아왔어요. – Etwa zur Zeit des Sonnenuntergangs bin ich nach Hause (zurück-)gekommen.
- <메밀꽃 필 무렵>을 읽어 봤어요? – Hast du «Wenn der Buchweizen blüht» gelesen?[2]

---

2 Berühmte Erzählung von Lee Hyo-Seok 이효석, 1907–1942

8) 바 – Mittel, Ding

⚠ 주 Ähnlich wie 줄 und 것 bzw. 일, aber der Gebrauch ist auf Schriftsprache und förmliche Sprache beschränkt.

a) Vst -(으)ㄹ 바를 모르다 = -(으)ㄹ 줄 모르다, s. unter 13)
- 갑작스러운 일이어서 사람들은 어찌할 바를 모르고 있다. – Da die Sache so plötzlich passierte, wissen die Leute nicht, was sie tun sollen.

b) Vst -(으)ㄴ/는/(으)ㄹ바 + KM = gleiche Funktion wie 것 bzw. 일
- 네 문제니까 내가 알 바가 아니다. – Das ist dein Problem, das geht mich nichts an.
- 내가 들은 바에 의하면 그의 아버지는 유명한 의사였다고 한다. – Wie ich gehört habe, soll sein Vater ein berühmter Arzt gewesen sein.
- 아시는 바와 같이 ... – Wie Sie wissen, ...
- 보시는 바와 같이 ... – Wie Sie sehen, ...

9) 뻔, nur in der Form Vst -(으)ㄹ 뻔했다 – «fast/beinahe» (wäre etw. passiert)
- 어제 계단에서 넘어질 뻔했어요. – Gestern wäre ich fast die Treppe hinuntergefallen.
- 물어보지 않았더라면 실수할 뻔했어요. – Wenn ich nicht gefragt hätte, hätte ich beinahe einen Fehler begangen.

Wird oft zusammen mit dem Adverb 하마터면 (fast, beinahe) verwendet:
- 그 여자는 하마터면 강에 빠질 뻔했습니다. – Fast wäre die Frau in den Fluss gefallen.

10) 뿐 – Einschränkung «nur»

a) Vst -(으)ㄹ 뿐(만) 아니라 – «nicht nur, sondern auch»
- 유미 씨는 마음이 고울 뿐만 아니라 얼굴도 예뻐요. – Yu-mi hat nicht nur einen guten Charakter, sondern auch ein hübsches Gesicht.

⚠ 주 Eine umgangssprachliche Variante mit derselben Funktion ist die Form Vst -(으)ㄹ 뿐더러
- 그는 한국어를 할 뿐더러 일본어도 해요. – Er spricht nicht nur Koreanisch, sondern auch Japanisch.

b) -(으)ㄹ 뿐(이다) – «nur das tun», «nur das passiert»
- 그 친구를 일년에 한두 번 만날 뿐이에요. – Diesen/den Freund treffe ich nur ein, zwei Mal im Jahr.

11) 수 – Methode, Mittel

a) Vst -(으)ㄹ 수 있다/없다 – Möglichkeit/Unmöglichkeit: «können/nicht können» (allgemein oder situationsbezogen)
   - 한글을 쓸 수 있어요. – Ich kann Koreanisch schreiben.
   - 내일 올 수 있어요? – Können Sie morgen kommen?

⚠ 주1 Für die Beschreibung einer Fähigkeit/Unfähigkeit gibt es auch noch die Konstruktion –(으)ㄹ 줄 알다/모르다, s. unter 13)

⚠ 주2 Vst -(으)ㄹ 수 없다 kann auch ein Verbot ausdrücken:
   - 이 곳에서는 주차할 수 없습니다. – Hier können/dürfen Sie nicht parken.

b) Vst -(으)ㄹ 수밖에 없다 – Unausweichlichkeit einer Handlung «nicht umhin können, zu ...; müssen»
   - 가게를 닫을 수밖에 없어요. – Mir bleibt nichts weiter übrig, als den Laden zu schließen.

12) 적 – Zeit

a) Vst -(으)ㄴ/았(었)던 적이 있다/없다/많다 – Ausdruck einer in der Vergangenheit gemachten Erfahrung, eines Erlebnisses → «schon mal / noch nicht / oft gemacht haben»
   - 한국에 가 본 적이 있어요? – Waren Sie schon einmal in Korea?
   - 닭발을 먹어 본 적이 없어요. – Ich habe noch nie Hühnerfüße probiert.

b) Vst -(으)ㄹ 적(에) – zu der Zeit, da die Handlung passiert/passierte → «wenn, als» = -(으)ㄹ 때 (vgl. Punkt 3.1.3)
   - 그는 아내 생각이 날 적마다 사진을 본다. – Immer wenn er an seine Frau denkt, schaut er sich das Foto an.
   - 내가 어렸을 적에 중국에 가 본 적이 있어요. – Als ich klein war, bin ich mal in China gewesen.

13) 줄 – Fähigkeit/Unfähigkeit, etw. zu tun; Vermutung

a) Vst -(으)ㄹ 줄 알다/모르다 – «etw. können / nicht können»
   - 스페인어 할 줄 알아요? – Kannst du Spanisch?
   - 스키를 탈 줄 몰라요. – Ich kann nicht Skifahren.

b) Vst -(으)ㄴ/는/(으)ㄹ 줄 알다/모르다 – Ausdruck einer Vermutung: «glauben/denken, dass jd. etw. gemacht hat / macht / machen wird/würde» bzw. «nicht gemacht hat / macht / machen wird/würde»
   - Vergangenheit: 그 사람이 한국에 간 줄 알았어요. – Ich dachte, er sei nach Korea gefahren.
   - Gegenwart: 자는 줄 알았어요. – Ich dachte, du schläfst.

- Gegenwart: 내가 바보인 줄 알아? – Denkst du, ich bin blöd?
- Zukunft: 못 오실 줄 알았어요. – Ich dachte, Sie würden nicht kommen können.
- Zukunft: 네가 그럴 줄 몰랐다. – Ich hätte nicht gedacht, dass du so etwas tun würdest.

14) 지 – keine übergreifende Bedeutung

a) Vst -(으)ㄴ 지 + Zeitangabe + 되었다 (oder auch 지났다) – «soundso viel Zeit ist verstrichen, seit etw. passierte; soundso lange ist es her, dass ...»
- 한국에 온 지 두 달 되었습니다. – Zwei Monate ist es her, dass ich nach Korea gekommen bin.
- 결혼한 지 얼마나 되셨어요? – Seit wann sind Sie verheiratet?

b) -(으)ㄴ/는/(으)ㄹ/았(었)는지 알다/모르다 – Bildung indirekter Fragesätze: «wissen /nicht wissen, ob/wer/was/wann ...»
- 김 선생은 무엇을 하는지 몰라요. – Ich weiß nicht, was Herr Kim macht.
- 지금 몇 시인지 아세요? – Wissen Sie, wie spät es jetzt ist?
- 누나가 왜 화를 냈는지 알아요? – Weißt du, warum die ältere Schwester wütend war?

⚠ 주1 **Übersicht der möglichen Formen:**

	HV-v	HV-k	EV-v	EV-k
Grundform	가다 – gehen	먹다 – essen	예쁘다 – hübsch sein	좋다 – gut sein
Gegenwart	가는지	먹는지	예쁜지	좋은지
Vergangenheit	갔는지	먹었는지	예뻤는지	좋았는지
-겠-Zukunft	가겠는지	먹겠는지	예쁘겠는지	좋겠는지
(으)ㄹ 것-Zukunft → Kontr.-Form (으)ㄹ 거	갈 건지	먹을 건지	예쁠 건지	좋을 건지

⚠ 주2 Die Form Vst -(으)ㄹ/았(었)을 지 알다/모르다 (oder auch andere Verben des Sagens/Denkens, wie 궁금하다 – sich fragen) bezeichnet eine Vermutung, Meinung oder einen subjektiven Standpunkt.
- 그 사람이 어떤 음식을 좋아할지 전혀 모르겠어요. – Ich habe absolut keine Ahnung, was für Gerichte er mag.
- 과연 유미가 뭐라고 했을지 궁금해요. – Ich frage mich, was Yu-mi wirklich gesagt hat.

⚠ 주3 Dopplung im Satz bedeutet eine Auswahl: «ob ... oder», «ob ... oder nicht»

- 이게 술인지 물인지 모르겠다. – Ich weiß nicht, ob das Alkohol oder Wasser ist.
- 저 여자가 한국 사람일지 아닐지 어떻게 알아요? – Woher willst du wissen, ob sie eine Koreanerin ist oder nicht?

c) Konstruktion mit 얼마나 + Vst -(으)ㄴ/는지 + 모르다 (das auch elliptisch weggelassen werden kann) – eine Art Ausruf bzw. rhetorische Frage im Sinne von «unglaublich»
- 오늘은 어제보다 얼마나 무더운지 몰라요. – Ganz schön schwül heute im Vergleich zu gestern!
- 길이 얼마나 막히는지 몰라요. – Was für ein gewaltiger Stau hier!

15) 채 – Ausdruck eines Zustands; immer nur mit Attribut der Vergangenheit -(으)ㄴ 채(로)
- 그는 눈을 감은 채 이야기를 했어요. – Er erzählte mit geschlossenen Augen.
- 아기는 과자를 손에 쥔 채 잠이 들었다. – Mit einem Keks in der Hand schlief das Kind ein.
- 아이들이 딸기를 씻지 않은 채로 그냥 먹는다. – Die Kinder essen die Erdbeeren einfach so ungewaschen.

16) 체/척 – Anschein, Vorwand; nur in der Form Vst -(으)ㄴ/는 척하다/체하다 – «so tun, als ob ...»
- 그는 늘 열심히 일하는 척합니다. – Er tut immer so, als würde er fleißig arbeiten.
- 그 여자는 자는 체했어요. – Sie tat so, als ob sie schliefe.

17) 탓 – Grund, Ursache (eines negativen Resultats) – «Schuld der/des N», «liegen an ...»; «da, weil»

a) N 탓이다/탓으로
- 모든 것이 다 내 탓이오. – Alles ist meine Schuld.
- 이번 비행기 사고는 날씨 탓이라고 한다. – Die Ursache für dieses Flugzeugunglück soll das Wetter gewesen sein.

b) Vst -(으)ㄴ/는 탓이다/탓으로/탓에
- 시험 점수가 나쁜 것은 공부를 안 한 탓입니다. – Die schlechten Noten im Test sind darauf zurückzuführen, dass er/sie nicht gelernt hat.
- 엄마가 직장 생활을 하는 탓에 아이들 교육에 소홀했다. – Da die Mutter berufstätig ist, hat sie die Ausbildung der Kinder vernachlässigt.

18) 터 (mehr schriftsprachlich), 테 (mehr mündliche Sprache) – Absicht, Plan

a) Vst -(으)ㄹ 터이다/테다 – Ausdruck einer Absicht
   - 나는 지금 집에 갈 테다. – Ich gehe jetzt nach Hause.

b) Vst -(으)ㄹ 테니까 – Ausdruck einer Absicht oder Voraussage, gefolgt von einer dadurch bedingten Empfehlung/Anweisung
   - 나는 집에 있을 테니까 전화하세요. – Ich werde zu Hause sein, also rufen Sie mich bitte an.
   - 반드시 성공할 테니까 걱정하지 마세요. – Sie werden bestimmt Erfolg haben, also machen Sie sich keine Sorgen.

c) Vst -았(었)을 테니까 – Schlussfolgerung aus einer Handlung / einem Ereignis aus der Vergangenheit, gefolgt von einer dadurch bedingten Empfehlung/Anweisung
   - 어제 힘들었을 테니까 오늘은 쉬세요. – Gestern war bestimmt anstrengend, also ruhen Sie sich heute aus.

d) Vst -(으)ㄹ/았(었)을 텐데 – Annahme/Befürchtung, ggf. gefolgt von einer dadurch bedingten Empfehlung/Anweisung oder einer (verwunderten bis verärgerten) Frage
   - 바쁘실텐데 신경 써 주셔서 고맙습니다. – Vielen Dank, dass Sie sich Zeit für mich nehmen, obwohl Sie sicher viel zu tun haben.
   - 배가 고플텐데 라면이라도 드세요. – Sie sind bestimmt hungrig, also essen Sie doch wenigstens eine Instant-Nudelsuppe.
   - 다른 책도 많았을 텐데 왜 하필 이 책을 사셨어요? – Es gab bestimmt noch eine Menge andere Bücher, warum haben Sie ausgerechnet dieses gekauft?

⚠ 주 Kann auch als Satzschlussendung auftreten:
   - 엄청 무거울 텐데. – Das ist bestimmt sehr schwer.
   - 쉬운 일이 아니었을 텐데요. – Das war bestimmt nicht leicht.

e) Vst -(으)ㄹ 테면 – Beschreibung einer Absicht in konditionaler Funktion, gefolgt von einer dadurch bedingten Empfehlung/Anweisung
   - 일을 할 테면 끝까지 해 봐요. – Wenn du die Arbeit machen willst/übernimmst, dann bring sie auch zu Ende.

f) Vst -(으)ㄹ 테야 – Absicht, Wille (auf der niederen Sprechstufe)
   - 난 바빠서 먼저 갈 테야. – Ich geh' zuerst, ich hab's eilig.
   - 다시 이런 일을 할 테야, 안 할 테야? – Wirst du so etwas noch einmal tun oder nicht?

⚠ 주 Nur in Aussagesätzen 1. Person und Fragesätzen 2. Person

3.1.3 Wie Funktionalnomen gebrauchte Nomen (기능명사처럼 쓰이는 명사)

Einige selbstständige Nomen können wie Funktionalnomen gebraucht werden. Ihre ursprüngliche Bedeutung geht dabei in eine grammatische Funktion über. Die wichtigsten sind:

1) 관계 – Beziehung → «in Zusammenhang mit», «als Ergebnis von ...», «wegen, aufgrund»

a) N 관계로

- 공사 관계로 불편을 끼쳐 드려서 죄송합니다. – Wir möchten uns für die im Zusammenhang mit den Bauarbeiten entstandenen Unannehmlichkeiten entschuldigen.
- 여비 관계로 여행을 포기할 수밖에 없었어요. – Wegen der Reisekosten musste ich die Reise aufgeben.

b) Vst -(으)ㄴ/는 관계로

- 예산이 부족한 관계로 사업이 중단되었다. – Aufgrund der unzureichenden Finanzierung wurde das Projekt eingestellt.

2) 끝 – Ende → «am Ende von ...», «nach, nachdem»

a) N 끝에

- 말 끝에 싸움이 시작되었습니다. – Nach dem Wortgefecht flogen die Fäuste.

b) Vst -(으)ㄴ/던 끝에

- 여기저기 헤맨 끝에 결국 찾아냈어요. – Nachdem ich hier und da umhergeirrt bin, habe ich es schließlich gefunden.

3) 도중 (途中) – mitten auf dem Weg → «mittendrin, mitten in, während, bei»

a) N 도중에

- 수업 도중에 하품하는 학생들이 가끔 있습니다. – Ab und zu gibt es Studenten, die mitten im Unterricht gähnen.
- 회의 도중에 문자가 도착했어요. – Während der Sitzung erhielt ich eine SMS.

b) Vst -는 도중에

- 식사하는 도중에 말을 하면 안 된다. – Beim Essen soll man nicht sprechen.

⚠ 주 Eine Variante ist die Form 중에, die auch ohne die KE -에, dafür aber mit dem Kopulaverb 이다 auftreten kann. Während bei 도중에 die Handlung unterbrochen wird oder eine neue Handlung einsetzt, ist dies bei 중(에) eher nicht der Fall.

- 지금 회의 중이에요. – Ich bin gerade mitten in einer Sitzung.
- 생각 하는 중이에요. – Ich denke gerade nach. (entspricht weitestgehend der Verlaufsform mit dem Hilfsverb -고 있다)

4) 동안 – Zeitspanne → «während»

a) N 동안
- 저는 방학 동안 고향에 갔다 왔어요. – Während der Ferien war ich in meiner Heimat.

b) Vst -(으)ㄴ/는 동안(에)
- 버스를 기다리는 동안 지나가는 사람을 구경해요. – Während ich auf den Bus warte, beobachte ich die vorbeigehenden Leute.
- 제가 나간 동안에 전화 온 것 없어요? – Kam kein Anruf für mich, während ich weg war?

5) 때 – Zeit

a) N 때: zu einer bestimmten Zeit, die das N bezeichnet
- 학교때 광주에서 살았어요. – Zu meiner Schulzeit lebte ich in Kwangju.
- 열네 살 때 테니스를 치기 좋아했다. – Mit vierzehn / Als ich vierzehn war, spielte ich gern Tennis.

b) Vst. -(으)ㄹ 때 – Zeit, zu der etwas passiert (Gegenwart) → «wenn» (temporal)
- 학교에 갈 때 버스를 타고 갑니다. – Wenn ich in die Schule fahre, nehme ich den Bus.
- 한국말로 말할 때는 언제나 긴장돼요. – Wenn ich Koreanisch spreche, bin ich immer aufgeregt.

c) Vst -았(었)을 때 – Zeit, zu der etw. passiert ist (Vergangenheit) → «als»
- 그 뉴스를 봤을 때 눈물이 났어요. – Als ich diese Nachrichten sah, kamen mir die Tränen.
- 집에 도착했을 때 아무도 없었다. – Als ich zu Hause eintraf, war niemand da.

6) 모양 – Erscheinung, Gestalt, Form, Aussehen → Ausdruck des Anscheins: «scheinen zu». Nur in der Form Vst. -(으)ㄴ/는/(으)ㄹ 모양이다.
- 오늘은 회의가 일찍 끝난 모양이에요. – Die Sitzung scheint heute früh zu Ende gegangen zu sein.
- 그 집에서는 아무도 살지 않는 모양입니다. – In diesem Haus scheint niemand zu wohnen.

- 비가 올 모양이다. – Es sieht nach Regen aus.

▲ 주 In der Verwendung ähnlich wie -(으)ㄴ/는/(으)ㄹ것 같다, aber entsprechend der ursprünglichen Bedeutung von 모양 oft stärker auf das Aussehen / die Gestalt bezogen.

7) 바람 – Wind, Impuls → «im Ergebnis dessen», «aufgrund von, infolge, wegen, da, weil». Nur in der Form Vst. -(으)ㄴ/는 바람에.
   - 눈이 오는 바람에 교통이 막혔어요. – Wegen des Schneefalls kam es zum Stau.
   - 선생님께서 화를 내시는 바람에 몹시 당황했어요. – Da der Lehrer wütend wurde, geriet ich ziemlich in Verlegenheit.
   - 날씨가 추운 바람에 감기에 걸렸어요. – Infolge des kalten Wetters habe ich mich erkältet.

▲ 주 Der erste Teil bezeichnet einen Grund/eine Ursache, oft ein unerwartetes Ereignis, der zweite Teil immer eine negative bzw. gegenteilige Folge daraus. Nur mit Attributsform der Gegenwart!

8) 반면 (反面) – die andere Seite / Gegenseite → «andererseits», «während, zwar ... aber». Nur mit Attributsform der Gegenwart Vst. -(으)ㄴ/는 반면(에).
   - 이 제품은 값이 비싸지 않은 반면에 질이 안 좋은 것 같아요. – Dieses Produkt ist nicht teuer, aber andererseits scheint die Qualität nicht gut zu sein.
   - 수출은 증가하는 반면 수입은 감소하고 있다. – Die Exporte steigen zwar, aber andererseits gehen die Importe zurück.

▲ 주 Verwendung normalerweise nur in der Schriftsprache und in förmlicher Sprache. (그) 반면(에) wird auch als satzeinleitendes Adverb («Andererseits ...») verwendet.

9) 법 – Gesetz

a) Vst -(으)ㄴ/는 법이다 – «(naturgemäß/erwartungsgemäß/unweigerlich/automatisch) dazu führen, dass ...»; «es kann erwartet werden, dass ...»; «es ist nur natürlich, dass ...»
   - 열심히 노력하면 성공하는 법입니다. – Wenn man sich fleißig bemüht, dann führt das auch zum Erfolg.
   - 좋은 말도 여러 번 들으면 듣기 싫은 법이다. – Auch schöne Worte hängen einem irgendwann zum Halse heraus, wenn man sie zu oft hört.

b) Vst -는 법이 없다 – «keinen Grund geben, zu ...»; «es kann nicht erwartet werden, dass ...»

- 불행은 혼자 오는 법이 없다. – Ein Unglück kommt selten allein.

▲ 주 In rhetorischen Fragen auch die Form Vst -는 법이 있다, z.B.: 그런 법이 어디 있어? – Wo gibt's denn sowas?

10) 셈 – Rechnung

a) Vst -(으)ㄴ/는 셈이다 – Einschätzung/Annahme aufgrund bestimmter Umstände/Erscheinungen → «das bedeutet/heißt, ...»
   - 다음 주부터 시험이니까 이번 학기도 다 끝난 셈입니다. – Ab nächster Woche sind Prüfungen, das bedeutet, dieses Semester ist auch schon wieder zu Ende.
   - 열세 살 때 이사를 왔으니까 이 집에서 12년을 산 셈이지요. – Mit 13 bin ich hier eingezogen, also habe ich 12 Jahre in diesem Haus gewohnt.

b) Vst -(으)ㄹ 셈이다/셈으로 – «planen, beabsichtigen»; «mit der Absicht / dem Plan/Gedanken ...»
   - 앞으로 어떻게 할 셈이에요? – Was planen Sie künftig zu tun?
   - 유학을 할 셈으로 영어학원을 다니고 있습니다. – Mit dem Gedanken an ein Studium im Ausland besuche ich derzeit eine private Englisch-Akademie.

c) Vst -는/(으)ㄴ/(으)ㄹ 셈치다 (meist in der Form ... 셈치고) – meist zur Beschreibung/Rechtfertigung einer Handlung, die unter einer bestimmten Annahme durchgeführt wurde → «wohl wissend, dass ...»
   - 친구에게 속는 셈치고 돈을 꾸어 주었어요. – Wohl wissend, dass ich von meinem Freund hereingelegt werde, lieh ich ihm das Geld.

11) 일 – Handlung, Tätigkeit, auch: Arbeit (vgl. 것 – Ding, Sache)

a) Vst -(으)ㄴ 일이 있다/없다 – Ausdruck einer in der Vergangenheit gemachten Erfahrung, eines Erlebnisses
   - 나도 스키를 배운 일이 있습니다. – Auch ich habe schon einmal Skifahren gelernt.
   - 외국 여행을 한 일이 없어요? – Haben Sie noch nie eine Auslandsreise unternommen?

▲ 주 Ähnlich in der Bedeutung wie -(으)ㄴ/았(었)던 적이 있다/없다, jedoch nicht so sehr auf den Zeitpunkt bezogen (적 = Zeit), sondern mehr auf die Handlung (일 = Tätigkeit).

b) Vst -는 일이 있다/없다 – Ausdruck einer gewohnheitsmäßig bzw. (in der verneinten Form) niemals stattfindenden Handlung.
   - 일요일에 가끔 교회에 가는 일도 있습니다. – Manchmal gehe ich sonntags auch in die Kirche.

- 그는 집에서 공부하는 일이 없습니다. – Er studiert nie zu Hause.
- 그 여자는 화를 내는 일이 없어요. – Sie wird nie wütend.

12) 지경 – ungünstige/unglückliche Situation/Umstände. Tritt nur mit Futur-Attributsform und meist mit der Kopula auf: -(으)ㄹ 지경(이다) → wegen des zuvor genannten Umstandes «drauf und dran sein, zu ...»; «kurz davor sein, zu ...»
   - 어제는 배가 고파서 죽을 지경이었어요. – Gestern wäre ich vor Hunger fast gestorben.
   - 물건 값이 너무 비싸서 기가 막힐 지경이에요. – Die Preise sind dermaßen hoch, dass es mir fast die Sprache verschlägt.

3.1.4 Pronomen (대명사)

Pronomen sind – wie der Name sagt – dazu da, um Nomen zu ersetzen. Nach syntaktisch-semantischen Kriterien lassen sie sich unterteilen in Personalpronomen, Demonstrativpronomen, Interrogativpronomen, Indefinitpronomen und Reflexivpronomen. Obwohl das Spektrum an Pronomen auch im Koreanischen weit entwickelt ist, lässt sich ganz allgemein sagen, dass sie weniger verwendet werden als in europäischen Sprachen und oft eher normalen Nomen entsprechen. Das macht besonders den Gebrauch der Personalpronomen schwierig.

3.1.4.1 Personalpronomen (인칭대명사)

1. Person

Grundform	Subjekts-form	Genitiv-form	Direkte Objektsform	Indirekte Objektsform
나 – ich	내가	나의/내	나를 (ugs. 날)	나에게/나한테
저 – ich (bescheiden)	제가	저의/제	저를	저에게/저한테
우리(들) – wir	우리가/우리들이	우리의	우리를	우리(들)에게/-한테
저희(들) – wir (bescheiden)	저희가/저희들이	저희들의	저희를/저희들을	저희(들)에게/-한테

A 주 In der 1. Person Plural wird in der Umgangssprache auch das emotional gefärbte 우리네 «wir alle, unsere Gruppe» verwendet.

- 우리네는 2015년10월5일 삼성전자 공장으로 현지견학을 다녀왔다. – Am 5.10.2015 unternahmen wir eine Exkursion in das Werk von Samsung Electronics.
- 세월이 흐르면 우리네 짧은 인생도 간다. – So wie die Zeit dahinfließt, vergeht auch unser kurzes Leben.

2. Person

Grundform	Subjektsform	Genitivform	Direkte Objektsform	Indirekte Objektsform
너 – du	네가	너의	너를 (ugs. 널)	너에게/너한테
너희(들) – ihr	너희가/너희들이	너희들의	너희를/너희들을	너희(들)에게/-한테

⚠ 주 In der 2. Person Plural kann gegenüber Freunden oder niedriger Stehenden auch 너네 «ihr alle, eure Gruppe» benutzt werden.

- 나는 너네 옆집에 살고싶다. – Ich möchte bei euch nebenan wohnen.

자네 – du (ältere zu jüngeren Männern, familiär-freundlich)

- 이 일은 자네가 하게. – Mach du das.

당신 – du (zwischen Ehepartnern, meist älteren Jahrgangs), Sie (in unfreundlicher Anrede); in NK: Sie (allgemeine neutrale Anrede für eine unbekannte Person)

⚠ 주 Das Wort 당신 wird oft als die gängigste Anredeform für die 2. Person betrachtet. Die konkrete Anwendung ist aber immer situationsbedingt und vielen Restriktionen unterworfen, sodass man damit vorsichtig umgehen sollte.

- 당신이 뭔데 이래라 저래라 하는 거야! – Was denken Sie eigentlich, wer Sie sind, dass Sie mich hier herumkommandieren! (Streitsituation)

자기 – du, Schatz (unter jungen Leuten)

- 자기 지금 뭐 해? – Was machst du gerade?

어르신 – Sie (eigentlich «älterer männlicher Erwachsener», daher höflich zu älteren Männern)

- 어르신 어디 편찮으세요? – Geht es Ihnen nicht gut?

⚠ 주 Kann entsprechend auch wie ein Pronomen der 3. Person verwendet werden:

- 어르신만 믿고 있겠습니다. – Ich werde nur einzig und allein ihm vertrauen.

댁 – Sie (ältere Sprecher zu unbekannten Erwachsenen)

- 댁은 어디에 가세요? – Wohin gehen Sie?

그쪽 – du/Sie (zu Gleichaltrigen, wenn eine andere bestimmte Anrede unsicher erscheint; eigentlich «diese (aus Sicht des Sprechers andere) Seite»

- 그쪽은요? – Wie ist es mit Ihnen? / Und Sie?

그대 – du (poetisch in Gedichten, Liedtexten etc.)

- 그대 없이는 못 살아. – Ohne dich kann ich nicht leben.

귀하 (貴下) – Sie (förmlich-höflich schriftsprachlich). Früher nur in Briefen an Ältere oder in offiziellen Schreiben, heute wieder im Internet.

- 귀하의 비밀번호를 입력하세요. – Bitte geben Sie Ihre PIN ein.

3. Person

그 – er (sie, es) (neutrale mündliche und schriftliche Alltagssprache)

그 ist ursprünglich nur das deiktische Wort «dieser (dort)» (s. Punkt 3.1.4.2). Es hat sich im modernen Koreanisch nach und nach durch Übersetzungen aus dem Englischen eingebürgert, da es keine eigenständigen Wörter für Personalpronomen in der 3. Person gibt und man eine Entsprechung für «he» und «she» brauchte. In der Kombination mit freien und unfreien Nomen ergeben sich noch folgende Formen:

그 사람 – er, sie (mündliche/schriftliche Alltagssprache, nicht besonders höflich), auch 이/저 사람

- 그 사람 주소가 필요해. – Ich brauche seine Adresse.

그분 – er, sie (höflich), auch 이/저분

- 어제 그분을 만났어요. – Gestern habe ich ihn getroffen.

그이 – er, sie (familiär-freundlich, z. B. Ehefrau über Ehemann); NK: er, sie (über eine Person, der man verbunden/dankbar ist); auch 이/저이

- 그이는 그렇지 않다. – Er ist nicht so.

그 남자 – er (neutral), auch 이/저 남자

- 그 남자가 그를 죽였다. – Er hat ihn umgebracht.

그녀 – sie (neutral)

- 그녀는 아주 귀엽다. – Sie ist sehr niedlich.

그 남자분 – er (höflich), auch 이/저 남자분

- 그 남자분을 들어오시라고 할까요? – Soll ich ihn / den Herrn hereinbitten?

그 여자분 – sie (höflich), auch 이/저 여자분

- 그 여자분은 사장님이세요. – Sie / Diese Dame ist die Chefin.

그 애 (ugs. 걔, Pl. 걔네들) – er, sie, es (über Kinder oder Gleichaltrige sowie jüngere Leute unter sich), auch 이/저 애 (ugs. 얘/쟤, Pl. 얘네들/쟤네들)

- 걔네들 아주 잘 어울려. – Sie passen sehr gut zusammen.

그 친구 – er, sie (ugs. über Gleichaltrige, impliziert nicht zwingend eine «freundschaftliche» Verbundenheit), auch 이/저 친구

- 그 친구는 좋은 학생이에요. – Er ist ein guter Schüler.

그 녀석 – er, sie (ugs. über eng befreundete, meist gleichaltrige Personen), auch 이/저 녀석

- 그 녀석이 나한테 왜 그 얘길 안했지? – Warum hat er mir das nicht erzählt?

그들 – sie (Pl.) (neutrale mündliche und schriftliche Alltagssprache), auch 이들 (schriftsprachlich)

- 그는 그들을 도와주었다. – Er half ihnen.

⚠ 주 Förmlich-mündlich und formell-schriftsprachlich kann für alle Personen auch 본인 (本人) – eigentlich «die betreffende Person» – wie ein Pronomen verwendet werden.

- 본인 또한 지난날의 잘못을 진심으로 사죄하는 바입니다. – Ferner möchte ich die Gelegenheit nutzen, um mich für die Fehler der Vergangenheit aufrichtig zu entschuldigen.
- 여러분께서도 본인의 의견을 따라 주시기 바랍니다. – Ich hoffe, dass auch Sie meine Ansicht teilen werden.
- 본인이 싫다는데 나도 아무것도 할수 없습니다. – Wenn Sie es nicht wollen, kann auch ich überhaupt nichts tun.

⚠ 주 Bitte grundsätzlich beachten: Je höher Alter und/oder Stellung der Person, desto weniger werden für sie Pronomen verwendet, sondern eher Nomen, z.B. 아버님 – Vater, 어머님 – Mutter, 사장님 – Direktor(in)/Chef(in) einer Firma, 선생님 – Lehrer(in) usw., also Verwandtschaftsbezeichnung, Dienststellung, Titel u.ä. Vor allem in der höflichen Anrede für die 2. Person benutzt man kaum Pronomen, sondern dasselbe Wort, mit dem man die betreffende Person auch in der Rede gegenüber Dritten bezeichnen würde.

3.1.4.2 Demonstrativpronomen (지시대명사)

Wie auch bei den Personalpronomen der 3. Person bildet die im Koreanischen existierende dreistufige Deixis (hinweisende Funktion von Wörtern) die Grundlage der Demonstrativpronomen. Hier die Übersicht für Bildungen mit 것 («Ding, Sache»):

Deiktisches Grundwort	Demonstr.-pronomen	Deutsche Entsprechung	Kurzform	Kurzform Subjekt	Kurzform Thema	Kurzform Objekt
이	이것	das, diese/r/s (hier)	이거	이게	이건	이걸
그	그것	das, diese/r/s (dort)	그거	그게	그건	그걸
저	저것	jene/r/s	저거	저게	저건	저걸

- 이게 중국 음식이에요. – Das ist ein chinesisches Gericht.
- 그걸 못 봤어. – Das habe ich nicht gesehen.

Für Orts- und Zeitbezeichnungen ergeben sich folgende Wörter:

Deiktisches Grundwort	Ortsangabe	Deutsche Entsprechung	Schriftspr. Form	Zeitangabe	Deutsche Entsprechung
이	여기	hier	이곳	이때	in diesem Augenblick
그	거기	da	그곳	그때	zu der/jener Zeit, damals
저	저기	dort	저곳	-	-

- 그곳에 가고 싶다. – Dorthin möchte ich fahren.
- 그때가 정말 그립다. – Ich sehne mich wirklich nach jener Zeit.

3.1.4.3 Interrogativpronomen (의문사)

Die beiden wichtigsten Fragewörter sind 누구 (wer) und 무엇 (was).

Grundform	Subjektsform	Objektsform	Kurzform der Grundform	Kurzform der Subjektsform	Kurzform der Objektsform
누구	누가	누구를	-	-	누굴
무엇	무엇이	무엇을	뭐	뭐가	뭘

- 누가 오늘 극장에 가요? – Wer geht heute ins Kino?
- 누구를 봐요? – Wen sehen Sie?
- 이 분이 누구예요? – Wer ist das / diese Person / er/sie?
- 무엇이 좋아요? – Was ist gut?
- 무엇을 읽어요? – Was lesen Sie?
- 이게 뭐예요? – Was ist das?

Weitere Fragewörter:

어디 – «wo»; mit entsprechenden Kasus-Markern ergeben sich daraus z.B. auch 어디에, 어디로 – wohin, 어디에서 – woher

- 어디에 가세요? – Wohin gehen Sie?
- 어디에서 왔어요? – Woher kommen Sie?
- 어디에서 봤던가요? – Wo haben wir uns gleich noch mal gesehen?
- 여기가 어디입니까? – Wo ist das hier? → Wo sind wir hier?

언제 – «wann»

- 언제 결혼하셨어요? – Wann haben Sie geheiratet?
- 언제 일본에 가세요? – Wann fahren Sie nach Japan?

어떻게 – «wie»; auch: «wieso, woher»

- 어떻게 만났어요? – Wie haben Sie sich kennengelernt?
- 어떻게 아세요? – Woher wissen Sie das?

⚠ 주 Die Frage «어떻게 오셨어요?» kann zweideutig interpretiert werden. 1. «Wie sind Sie gekommen» (z.B. mit welchem Verkehrsmittel); 2. «Warum / Aus welchem Grunde sind Sie gekommen?» → «Was führt Sie zu mir?»

왜 – «warum»

- 왜 물어 봅니까? – Warum fragen Sie?

얼마 – «wie viel» (entspricht in etwa how much), Variante 얼마나 (vor allem in Fragen nach Mengen, Zeit, Entfernungen)

- 소주가 얼마예요? – Wie viel kostet der Soju?
- 공항까지 얼마나 걸려요? – Wie lange dauert es bis zum Flughafen?

몇 – «wie viele» (entspricht in etwa how many)

- 몇 분이세요? – Wie viele Personen sind Sie?
- 하루에 커피를 몇 잔 드세요? – Wie viele Tassen Kaffee trinken Sie am Tag?

무슨 – «was für ein/e» (allgemeine Frage nach Art/Inhalt, entspricht in etwa what kind of)

- 무슨 영화를 좋아하세요? – Was für Filme mögen Sie?

어떤 – «was für ein/e» (allgemeine Frage nach Art/Inhalt, entspricht in etwa what kind of, fast synonym mit 무슨), «welche/r/s» (fast synonym mit 어느)

- 최근에 어떤 책을 읽었어요? – Was für Bücher haben Sie in letzter Zeit gelesen?
- 어떤 걸로 드릴까요? – Was kann ich Ihnen geben? (z.B. aus einer Auswahl an einem Verkaufsstand)

어느 – «welche/r/s» (Frage im Sinne einer Auswahl, entspricht in etwa which)

- 어느 나라에서 왔어요? – Aus welchem Land kommen Sie?

3.1.4.4 Indefinitpronomen (미지칭/부정칭 대명사)

a) Das allgemein gebräuchlichste Indefinitpronomen ist 아무 – «irgendjemand, irgendetwas». Meist tritt es mit verneintem Prädikat und in der Form 아무도 auf. In den Formen 아무나 oder 아무라도 mit bejahtem Prädikat.
   - 아무도 전화를 안 받았다. – Niemand ging ans Telefon.

- 아무나 그 노래를 부를 수 있다. – Dieses Lied kann jeder singen.
- 그 일은 아무라도 할 수 있다. – Diese Arbeit kann jeder machen.

⚠ 주 아무 tritt auch als Attributivwort (vor N) auf (vgl. Punkt 3.2):

- 여기는 아무 것도 없다. – Hier gibt es überhaupt nichts.

b) Fast alle Interrogativpronomen können auch als Indefinitpronomen auftreten. Wenn dies im Aussagesatz geschieht, ist die Unterscheidung klar.

- 어디 가서 이야기하자. – Gehen wir irgendwohin und unterhalten uns.
- 무엇 좀 먹었으면 좋겠어요. – Ich würde ganz gerne was essen.
- 몇 명 왔어요. – Ein paar Leute sind gekommen.

Im Fragesatz entscheidet die Satzintonation:

- 누가 왔느냐? ↘ (fallende Intonation) – Wer ist gekommen? → 누가 = Fragewort
- 누가 왔느냐? ↗ (steigende Intonation) – Ist irgendwer/irgendjemand gekommen? → 누가 = Indefinitpronomen

c) 누구 + QM -도 + Verneinung ergibt «niemand»

- 누구도 나를 알아주지 않아요. – Niemand versteht mich.

d) Häufig werden auch Interrogativpronomen mit der Endung -ㄴ가 (Kontraktionsform von -인가, der Frageform des KV 이다) wie Indefinitpronomen gebraucht: 누군가 «(irgend)jemand», 뭔가 «irgendetwas», 언젠가 «irgendwann», 어딘가 «irgendwo/irgendwohin»

- 누군가 사라의 방문을 두드립니다. – Jemand klopft an Sarahs Tür.
- 철수는 어딘가 떠나고 싶다. – Ch'ŏl-su möchte irgendwohin fahren.

3.1.5 Numeralien und Numeralklassifikatoren (수사, 단위명사)

Die Numeralien (Zahlwörter) weisen syntaktisch viele Ähnlichkeiten mit den Nomen und Pronomen auf. Es existieren zwei Systeme, ein rein koreanisches und ein sino-koreanisches (aus dem Chinesischen stammend). Das erstgenannte deckt nur die Zahlen 1–99 ab; der Gebrauch des einen oder des anderen Systems ist z. T. strikt festgelegt und kann nicht wahllos erfolgen.

Übersicht

	Rein koreanische Kardinalzahl	Attributiver Gebrauch (falls Form abweicht)	Sino-koreanische Kardinalzahl	Rein koreanische Ordnungszahl*
1	하나	한	일 (一)	첫째
2	둘	두	이 (二)	둘째, 두 번째
3	셋	세	삼 (三)	셋째, 세 번째
4	넷	네	사 (四)	넷째, 네 번째
5	다섯		오 (五)	다섯(번)째
6	여섯		육 (六)	
7	일곱		칠 (七)	
8	여덟		팔 (八)	
9	아홉		구 (九)	
10	열		십 (十)	
11	열하나	열한	십일 (十一)	열한(번)째
12	열둘	열두	십이 (十二)	열두(번)째
20	스물	스무	이십 (二十)	스무(번)째
30	서른		삼십 (三十)	usw.
40	마흔		사십 (四十)	
50	쉰		오십 (五十)	
60	예순		육십 (六十)	
70	일흔		칠십 (七十)	
80	여든		팔십 (八十)	
90	아흔		구십 (九十)	
100			백 (百), 일백	백 번째
1.000			천 (千), 일천	천 번째
10.000			만 (萬), 일만	usw.
100.000			십만 (十萬	
1 Mio.			백만 (百萬)	
10 Mio.			천만 (千萬)	
100 Mio.			억 (億), 일억	-
1 Mrd.			십억 (十億)	-
10 Mrd.			백억 (百億)	-
100 Mrd.			천억 (千億)	-
1 Bill.			조 (兆), 일조	-

* Bei den rein koreanischen Ordnungszahlen gibt es zwei Varianten, eine mit 번 («mal») und eine ohne. Erstere wird für eine festgelegte Reihenfolge verwendet, z. B. 둘째 딸 (die zweite Tochter), letztere für eine veränderbare, z. B. 두 번째 등급 (2. Stufe). Die sino-koreanischen Ordnungszahlwörter werden mithilfe des Präfixes 제- gebildet, also 제일 (erste), 제이 (zweite), 제삼 (dritte).

Das rein koreanische System wird benutzt für:

- das Zählen realer Gegenstände
- die Altersangabe (welche auch mit sino-koreanischen Zahlen möglich ist, dann aber im Zusammenhang mit einer Honorifizierung)
- die Angabe von Stunden, sowohl im Sinne von Zeitpunkten (Uhrzeit) als auch von Zeitspannen

Das sino-koreanische System wird benutzt für:

- Preisangaben, Mengenangaben
- die Angabe von Minuten und Sekunden bei Zeitangaben
- Datumsangaben

Zusammenfassend einige Beispiele:

- A: 몇 살이에요? – Wie alt sind Sie? B: 스물한 살이에요. – Ich bin 21.
- 연세가 어떻게 되세요? – Wie alt sind Sie? (honorifizierend zu älteren/verehrten Personen)
- 아버님은 구십 세이세요. – Vater ist 90 Jahre alt.
- A: 지금 몇 시예요? – Wie spät ist es jetzt? B: 세 시 이십오 분이에요. – Es ist 3 Uhr 25.
- A: 오늘 며칠이에요? – Der Wievielte ist heute? / Welches Datum haben wir heute? B: 2015년10월13일이에요. – Der/Den 13. Oktober 2015.
- A: 아이스크림은 얼마예요? – Wie viel kostet das Eis? B: 천오백 원이에요. – 1.500 Wŏn.

Das Zählen von Tagen, Wochen, Monaten und Jahren kann mit beiden Systemen erfolgen. Als Grundregel gilt: Je höher die Zahl, desto mehr wird das sino-koreanische System bevorzugt. Ab einer Menge von ca. 20 kann es im Allgemeinen selbst für ansonsten rein koreanisch gezählte Dinge/Personen etc. benutzt werden.
Das Koreanische benötigt für Mengenangaben fast immer Numeralklassifikatoren (단위명사), auch Zählwörter genannt. Diese unterscheiden sich nach Art des zu zählenden Objekts. Hier eine Übersicht der wichtigsten Zählwörter:

Zu zählende Objekte	Numeral-klassifikator	Beispiel	Deutsche Übersetzung
Blätter (Papier), Tickets, Briefmarken etc.	장	우표 다섯 장	fünf Briefmarken
Blumen	송이	장미꽃 한 송이	eine Rose
Bücher	권	책 세 권	drei Bücher
Fahrzeuge, Maschinen	대	자동차 두 대	zwei Autos
Gebäude	채	집 한 채	ein Haus
Personen neutral	명	대학생 열 명	zehn Studenten
Personen honorifiz.	분	선생님 한 분	ein Lehrer
Raketen, Reaktoren	기	미사일 스무 기	zwanzig Raketen
Schiffe	척	배 한 척	ein Schiff
Tiere	마리	개 네 마리	vier Hunde

Für alle nicht näher verifizierbaren Objekte wird das allgemeine Zählwort 개 – «Stück» verwendet. Dieses breitet sich immer mehr aus und verdrängt selten benutzte Zählwörter wie z.B. 자루 für «längliche runde Gegenstände». Beispiel:

- Früher: 연필 한 자루 – ein Bleistift
- Heute: 연필 한 개 – ein Bleistift

Wie bei den Funktionalnomen können auch freie Nomen als Numeralklassifikatoren fungieren, z.B.:

Becher, Gläser	컵	물 한 컵	ein Glas Wasser
Dosen	통	콜라 다섯 통	fünf Dosen Cola
Flaschen	병	맥주 두 병	zwei Flaschen Bier
Personen allgemein	사람	고객 한 사람	ein Kunde
Kisten	상자	사과 세 상자	drei Kisten Äpfel
Tassen, Gläser	잔	커피 한 잔	eine Tasse Kaffee

Theoretisch sind bei Verwendung von Zählwörtern vier verschiedene Satzmuster möglich:

1. 학생 다섯 명이 안 왔어요. – Fünf Studenten sind nicht gekommen.
2. 학생 다섯이 안 왔어요.
3. 다섯 학생이 안 왔어요.
4. 다섯 명의 학생이 안 왔어요.

(1) ist die übliche Standardvariante. (2) ist eine informelle, umgangssprachliche Variante. (3) war im Mittelkoreanischen üblich, ist aber jetzt kein Standard mehr. (4) ist eine steife, umständliche Konstruktion mit Genitiv-Marker und kommt daher nur in der Schriftsprache vor.

Beim Zählen von Jahren, Monaten und Tagen werden beide Zahlensysteme verwendet, bei Wochen nur das sino-koreanische. Auch bei Jahren wird es tendenziell bevorzugt.

Rein koreanisch	Sino-koreanisch	Deutsche Entsprechung
한 해	일 년	ein Jahr
두 해	이 년	zwei Jahre
세 해	삼 년	drei Jahre
한 달	일 개월	ein Monat
두 달	이 개월	zwei Monate
세/석 달	삼 개월	drei Monate
네/넉 달	사 개월	vier Monate
–	일 주	eine Woche
–	이 주	zwei Wochen
–	삼 주	drei Wochen
하루	–	ein Tag
이틀	–	zwei Tage
사흘	삼 일 (동안)	drei Tage
나흘	사 일 (동안)	vier Tage
닷새	오 일 (동안)	fünf Tage
열흘	십 일 (동안)	zehn Tage
–	이십 일 (동안)	zwanzig Tage

Zwar existieren noch weitere rein koreanische Zahlwörter für Tage (bis «19 Tage»), doch geraten diese allmählich außer Gebrauch.

3.2 Attributivwörter (관형사)

Attributivwörter sind unveränderliche Wörter, die vor Nomen stehen und diese näher bestimmen (= attributive Funktion, daher der Name). Semantisch lassen sie sich in 3 Arten unterteilen:

1) Qualitative Attributivwörter
   - 새 (neu) → 새 집 – ein neues Haus
   - 옛 (alt) → 옛 친구 – ein alter Freund

- 헌 (gebraucht, abgenutzt) → 헌 옷 – gebrauchte Kleidung
- 헛 (vergeblich) → 헛 수고 – vergebliche Mühe

2) Quantitative Attributivwörter
- 모든 (alle) → 모든 사람들 – alle Menschen
- 온 (ganze/r/s) → 온 나라 – das ganze Land

3) Deiktische Attributivwörter
- 이 (diese/r/s) → 이 사람 (dieser Mensch)

Insgesamt ist die Zahl der Attributivwörter relativ gering. Die o.g. sind alle rein-koreanischen Ursprungs. Es gibt aber auch viele Attributivwörter sino-koreanischen Ursprungs, z.B.:
- 각 (各) (jede/r/s) → 각 학교 – jede Schule
- 구 (舊) (alt) → 구 동독 – das alte Ost-Deutschland, die ehemalige DDR
- 별 (別) (besonders, gesondert) → 별 사이 – eine besondere Beziehung
  그 사람과 저는 별 사이가 아니에요. – Zwischen ihm und mir besteht keine besondere Beziehung.

3.3 Adverbien (부사)

1) Syntaktische Einteilung

Ähnlich wie die Attributivwörter unterliegen auch Adverbien keiner Formänderung und bestimmen das nachfolgende Wort näher. Dies ist in der Regel ein Verb, es kann aber auch ein Substantiv, ein Attributivwort oder ebenfalls ein Adverb selbst sein. Diese Adverbien beziehen sich auf Satzglieder oder Satzgliedteile (성분부사).
- Beim Verb: 빨리 가자. – Gehen wir schnell. 오늘은 몹시 무덥다. – Heute ist es sehr schwül.
- Beim Nomen: 약국은 바로 옆에 있다. – Die Apotheke ist genau daneben.
- Beim Pronomen: 바로 너 때문에 – eben wegen dir
- Beim Numerale: 오직 하나 – nur eins
- Beim Attributivwort: 그건 아주 새 차예요. – Das ist ein ganz neues Auto.
- Beim Adverb: 가장 일찍 온 학생 – der Student, der am frühesten gekommen ist

Satzadverbien (문장부사) beziehen sich auf den ganzen Satz.
- 과연 그 아이는 재능이 뛰어나다. – Das Kind hat wirklich ein überragendes Talent.
- 결국 해냈다. – Schließlich habe ich es geschafft.

Als eine Unterart der Satzadverbien können die Konjunktionaladverbien (접속부사) betrachtet werden.

- 또한 다음과 같은 문제가 있다. – Ferner gibt es folgendes Problem.
- 즉, 10년은 긴 시간이다. – Das heißt, zehn Jahre sind eine lange Zeit.

Manche Satzadverbien sind eigentlich nur Konjunktionalformen der Eigenschaftsverben 그러하다/그리하다 – «so sein».

- 그리고 일본에도 갔었어요. – Und in Japan war ich auch.
- 그런데 왜 물어 봅니까? – Aber warum fragen Sie?

Im Unterschied zu den Attributivwörtern können Adverbien auch mit QM oder anderen Endungen (z.B. Plural-Marker) auftreten.

- 그 사람이 일을 빨리는 한다. – Schnell macht er seine Arbeit (, aber nicht gut).

2) Semantische Einteilung

a) Allgemeine Adverbien (일반부사)
   - 어제 밤에는 겨우 세 시간 잤어요. – Gestern Nacht habe ich kaum drei Stunden geschlafen.

b) Häufigkeitsadverbien (빈도부사)
   - 자주 시장에 가요. – Ich gehe oft auf den Markt.

c) Zeitadverbien (시간부사)
   - 벌써 다 했어요. – Ich habe schon alles erledigt.

d) Gradadverbien (정도부사)
   - 아주 좋습니다. – Das ist sehr gut.

e) Negationsadverbien (부정부사): Dazu gehören 안 und 못 (s. Punkt 12).

Eine große Gruppe der Adverbien sind Onomatopoetika (lautmalende oder Formen nachahmende Wörter). Diese sind im Koreanischen sehr stark entwickelt und weit verbreitet.

- 반짝반짝 (funkelnd, (auf-)blitzend, glänzend): 별이 반짝반짝 빛나고 있었다. – Die Sterne leuchteten funkelnd.
- 흔들흔들 (wackelnd, wankend, schaukelnd): 바람이 불 때마다 나뭇잎이 흔들흔들 춤을 춘다. – Bei jedem Windstoß tanzen die Blätter am Baum leicht umher.

주 Mithilfe des Suffixes -거리다 lassen sich aus onomatopoetischen Wurzeln Verben bilden. Beispiel:

- 끄떡 (nickend) → 끄떡거리다 (nicken): 그들은 머리를 끄떡거리며 찬성의 뜻을 표했다. – *Sie nickten mit dem Kopf und brachten so ihre Zustimmung zum Ausdruck.* → Sie nickten zustimmend.

3) Nach Wortbildungskriterien kann man auch zwischen selbstständigen (nicht abgeleiteten) und abgeleiteten Adverbien unterscheiden. Selbstständige Adverbien sind z. B.:
   - 가끔 비가 올 거예요. – Ab und zu wird es regnen.
   - 다시 그런 짓을 하지 마라. – Mach so etwas nicht noch einmal!
   - 그는 얼른 문 뒤에 숨었다. – Er versteckte sich schnell hinter der Tür.

Bei den abgeleiteten Adverbien gibt es verschiedene Arten:

1) EV + –이
   - 같다 (gleich sein) → 같이 (gleich, zusammen): 같이 갑시다. – Gehen wir zusammen.
   - 많다 (viel sein) → 많이 (viel): 많이 먹었습니다. – Ich habe viel gegessen. → Ich bin satt. / Vielen Dank für das Essen.

Bei EV auf –ㅂ fällt dieses aus: 가깝다 (nah sein) → 가까이 (nah): 가까이 오세요. – Kommen Sie bitte näher.

2) EV auf –르 oder –ㄹ bilden das Adverb mit –리:
   - 빠르다 (schnell sein) → 빨리 (schnell): 차가 빨리 간다. – Das Auto fährt schnell.
   - 멀다 (weit weg/entfernt sein) → 멀리 (weit): 우리는 서울에서 멀리 떨어진 지방에 이사했다. – Wir sind in die Provinz gezogen, weit weg von Seoul.

3) EV auf –하다 enden auf –히:
   - 안녕하다 (in Ruhe und Frieden sein) → 안녕히 (friedlich): 안녕히 계세요. – *Bleiben Sie in Frieden.* → Auf Wiedersehen (zum Bleibenden).
   - 충분하다 (ausreichend sein) → 충분히 (ausreichend): 그러한 가능성이 충분히 있다. – Solche Möglichkeiten sind ausreichend vorhanden. / Das ist durchaus möglich.

4) EV + –게
   - 나쁘다 (schlecht sein) → 나쁘게 (schlecht): 그 사람에 대해서 나쁘게 생각하지 마세요. – Denken Sie bitte nicht schlecht über ihn.
   - 크다 (groß/laut sein) → 크게 (groß, laut): 크게 말씀하세요. – Sprechen Sie bitte laut.

⚠ 주 Bei manchen EV ist eine Ableitung sowohl auf -이/리/히 als auch auf -게 möglich. Feste Regeln gibt es dafür leider nicht. Auch die Behauptung, dass die Bildung auf -게 «handlungsbetonter» sei, ist sehr vage. Beispiel:

- 태국어는 빨리 배웠어요. – Thai habe ich schnell gelernt.
- 시내가 빠르게 흘러요. – Der Bach fließt schnell.

5) N + -(으)로

- 실제 (die Wirklichkeit) → 실제로 (wirklich, tatsächlich): 서울의 모습은 실제로 많이 달라졌다. – Seouls Antlitz hat sich wirklich sehr verändert.
- 날 (der Tag) → 날로 (mit jedem Tag): 우리 회사는 날로 발전하고 있습니다. – Unsere Firma entwickelt sich mit jedem Tag.

3.4 Interjektionen (감탄사)

Aufgrund ihres besonderen Charakters – unveränderliche Form, syntaktisch unverbunden, lexikalisch gesehen keine Bedeutung im engeren Sinn – werden sie von manchen Grammatiken nicht als Wortart aufgefasst. Im Koreanischen treten u.a. auf:

1) Symptominterjektionen:

- 글쎄, 잘 모르겠는데요. – Nun ja, ich weiß es nicht genau.
- 와, 경치가 좋구나! – Oh/Wow, was für eine tolle Landschaft!

2) Aufforderungswörter:

- 야, 네 이름이 영철이 맞지? – Eh, du heißt doch Yŏng-ch'ŏl, oder?
- 여보, 면도를 해야 해? – Du/Liebling, muss ich mich rasieren?

3) Gesprächswörter der Bejahung/Verneinung, Verzögerungswörter:

- 예, 알겠습니다. – Ja, ich habe verstanden.
- 자, 두고 봅시다. – Na dann, warten wir's ab.

3.5 Verben (Prädikatswörter 용언)

Aufgrund semantischer und morphologisch-syntaktischer Unterschiede werden die Verben in vier Arten unterteilt:

1) Handlungsverben / prozessive Verben (동사): Beschreiben Handlungen, Vorgänge, Bewegungen etc.; entsprechen unseren Verben.
   - 가다 – gehen, fahren
   - 오다 – kommen

2) Eigenschaftsverben / qualitative Verben / Zustandsverben (형용사): Beschreiben Eigenschaften, Zustände etc.; entsprechen semantisch unseren Adjektiven, beinhalten aber bereits das «sein», sodass sie eine Verbklasse bilden.
   - 크다 – groß sein
   - 작다 – klein sein

3) Existenzverben (존재사): Beschreiben das Dasein/Vorhandensein oder auch Nicht-Vorhandensein einer Person, eines Gegenstandes etc.
   - 있다 – vorhanden sein, sich befinden
   - 없다 – nicht vorhanden sein, sich nicht befinden

4) Kopulaverben (지정사): Definieren eine Person, einen Gegenstand etc.
   - -이다 – sein (Definition): 그는 학생이다. – Er ist Student.

⚠ 주1 Als Besonderheit im Koreanischen wird das Kopulaverb -이다 aus traditionellen Gründen mit dem Prädikatsnomen zusammengeschrieben. Manche koreanische Grammatiken bezeichnen -이다 auch als Kasusendung (Prädikatskasus 서술격). Da es aber mittels Endungen das gesamte Formenparadigma eines Verbes bilden und damit in Dutzenden verschiedener Formen auftreten kann, erscheint dies wenig sinnvoll.
   - 아니다 – nicht sein: 그는 학생(이) 아니다. – Er ist kein Student.

⚠ 주2 Der Subjekt-Marker in einem Satz mit dem verneinten Kopulaverb kann – vor allem in der mündlichen Sprache – weggelassen werden.

⚠ 주3 -이다 und 있다 werden sehr leicht verwechselt, vor allem wegen des homonymen «sein» als Entsprechung im Deutschen (bzw. auch «be» im Englischen). Unbedingt von Anfang an richtig unterscheiden! Vgl.:
   - 이게 핸드폰이에요. – Das ist ein Handy. (= und kein Tablet oder sonstiges Gerät)
   - 핸드폰이 있어요. – Ein Handy ist da/vorhanden. (= Ich habe / Jd. hat ein Handy.)

3.6 Steigerung bei Eigenschaftsverben und Adverbien

Im Koreanischen haben die EV keine Steigerungsstufen im Sinne besonderer grammatischer Formen. Die Steigerung kann nur syntaktisch ausgedrückt werden.

1) Komparativ: Zum Ausdruck des Komparativs gibt es zwei Möglichkeiten:
a) Mit dem Komparativ-Marker -보다 oder (noch etwas intensiver) -보다도, vgl. auch Punkt 5.9). Beispiel:
   - 서울은 크다. – Seoul ist groß.
   - 서울은 부산보다 크다. – *Seoul ist im Vergleich zu Pusan groß.* → Seoul ist größer als Pusan. (Das EV 크다 «groß sein» bleibt unverändert.)
   - 압록강이 한강보다도 길고 넓어요. – *Der Amnok-kang ist selbst im Vergleich zum Han-gang lang und breit.* → Der Amnok-kang ist länger und breiter als der Han-gang.
b) Wenn kein Vergleichsobjekt vorhanden ist, kann die Steigerung mithilfe des Gradationsadverbs 더 («mehr») ausgedrückt werden. Beispiel:
   - 축구는 좋아요. – Fußball ist gut.
   - 탁구는 더 좋아요. – Tischtennis ist besser. (Das EV 좋다 «gut sein» bleibt unverändert.)
c) Der Komparativ-Marker -보다 kann auch zusammen mit 더 verwendet werden, s. Punkt 5.9 1)
2) Superlativ: Ausdruck mithilfe der Gradationsadverbien 가장 oder 제일. Streng genommen ist nur das sino-koreanische 제일 ein Superlativ und das alt-koreanische 가장 mit der Bedeutung «äußerst, höchst, überaus» eher ein Elativ (= Superlativ ohne direkten Vergleich, z. B. «modernste Maschinen»). Ob 가장 als Superlativ oder als Elativ gebraucht wird, ist letztendlich kontextabhängig.
   - 에펠탑은 파리에서 가장 높은 건축물이다. – Der Eiffelturm ist das höchste Bauwerk in Paris.
   - 남한에는 한라산이 제일 높다. – In Südkorea ist der Halla-san am höchsten.

⚠ 주 Auch 무엇보다도 («mehr als alles andere, vor allen Dingen») kann einen Superlativ ausdrücken. Beispiel:
   - 그건 무엇보다도 즐거웠습니다. – Das hat mir am meisten Spaß gemacht.

4. Hilfsverben (보조동사)

Im Koreanischen sind Hilfsverben überaus beliebt und weit verbreitet. In manchen Fällen wird das reine Vollverb selten gebraucht, sondern meist nur die Variante mit Hilfsverb (z. B. 묻다 «fragen» vs. 물어보다 (mal) fragen») Sie stehen immer nach dem Vollverb; der Anschluss kann an den Konverbalstamm oder mit –고 erfolgen, selten direkt an den Verbstamm. In der folgenden Übersicht sind die wichtigsten Hilfsverben nach der Funktion geordnet, da dies für das Erlernen des Koreanischen als Fremdsprache entscheidend ist.

4.1 Hilfsverben, die den Verlauf einer Handlung kennzeichnen

1) Verlauf zu einem bestimmten Zeitpunkt (entspricht in etwa der Verlaufsform im Englischen)
Vst + –고 있다/계시다
   - 나는 지금 숙제를 하고 있어요. – Ich mache jetzt gerade Hausaufgaben.
   - 아버지께서 편지를 쓰고 계십니다. – Vater schreibt gerade einen Brief.
   - 어제 밤 열두 시에 TV를 보고 있었어요. – Gestern Nacht um zwölf habe ich ferngesehen.

2) Verlauf der Handlung erstreckt sich über einen bestimmten Zeitraum
a) von der Vergangenheit in die Gegenwart
Vst + –아/어 오다
   - 저는 그 할머니를 어머니처럼 모셔 왔어요. – Ich habe mich (bisher, die ganze Zeit lang) um die ältere Dame wie um meine eigene Mutter gekümmert.
   - 아침 햇빛이 점점 밝아 온다. – Die Morgensonne wird allmählich heller

b) von der Gegenwart in die Zukunft
Vst + –아/어 가다
   - 일이 잘 되어 갑니다. – Die Arbeit / Das Projekt geht gut voran / entwickelt sich gut.
   - 서울이 하루가 다르게 변해 갑니다. – Seoul verändert sich mit jedem Tag.

4.2 Zustand, auch sog. «Zustandspassiv»

Vst + -아/어 있다/계시다

- 벽에 그림이 걸려 있다. – An der Wand hängt ein Bild.
- 할머니는 아직 살아 계십니다. – Die/Meine Großmutter lebt noch.

⚠ 주 Unterschied Verlaufsform – Zustand besonders zu beachten bei:

- 앉고 있다 «sich (gerade eben) hinsetzen» vs. 앉아 있다 «sitzen»
- 눕고 있다 «sich (gerade eben) hinlegen» vs. 누워 있다 «liegen»

4.3 Benefaktiv: «für jn. etw. tun»

Vst + -아/어 주다/드리다

- 도와 줄까? – Kann ich dir helfen?
- 도와 주세요. – Helfen Sie mir.
- 와 주셔서 고맙습니다. – Danke, dass Sie gekommen sind.
- 그분한테 내 안부 좀 전해 주세요. – Bitte bestellen Sie ihr/ihm schöne Grüße von mir.
- 부모님께 사진을 보여 드렸어요. – Ich zeigte die Fotos meinen Eltern.
- 도와 드릴까요? – Kann ich Ihnen helfen?
- 도와 드릴게요. – Ich helfe Ihnen.

⚠ 주 Die Hilfsverben 주다 und 드리다 verhalten sich auf der objektorientierten Höflichkeitsebene genauso wie die beiden Hauptverben: 주다 «geben» (neutral), 드리다 «geben» (mit besonderer Wertschätzung gegenüber der Person, zu deren Gunsten die Handlung erfolgt). Vgl. Punkt 2.4

4.4 Versuch einer Handlung: «mal etw. tun, probieren»

Vst + -아/어 보다

- 한국에 가 본 적이 있어요? – Waren Sie schon einmal in Korea?
- 다시 한번 잘 생각해 보세요. – Denken Sie noch einmal gut darüber nach.

4.5 Abschluss einer Handlung

1) Vst + -고 나다: Nach Abschluss einer Handlung passiert eine neue Handlung / tritt eine neue Situation ein. Tritt fast nie als Terminalendung auf, sondern nur in den Formen -고 나서, -고 나면 und -고 나니까.
   - 밥을 먹고 나서 어디로 갈까요? – Wohin gehen wir nach dem Essen? / Wollen wir nach dem Essen noch irgendwo hingehen? (abhängig von der Intonation)
   - 이 비가 그치고 나면 본격적으로 여름이다. – Wenn dieser Regen vorbei ist, dann fängt der Sommer so richtig an.

2) Vst + -고 말다: (meist negatives/ungewolltes) Resultat einer Handlung «schließlich, letztendlich»
   - 화장지가 없어서 종이를 쓰고 말았어요. – Da kein Toilettenpapier da war, habe ich letztendlich Papier genommen.
   - 너무 슬퍼서 울고 말았습니다. – Vor lauter Traurigkeit habe ich schließlich geweint / musste ich schließlich weinen.

3) Vst + -아/어 내다: Abschluss einer Handlung unter Überwindung von Schwierigkeiten
   - 그 사람은 마침내 운전면허증을 얻어 냈어요. – Schließlich hat er seinen Führerschein erworben.
   - 우리가 해냈다! – Wir haben's geschafft!

4) Vst + -아/어 버리다: mit Verlust/Verschwinden verbundener Abschluss einer Handlung
   - 오늘 아침 지하철에서 지갑을 잃어 버렸어요. – Heute Morgen habe ich in der U-Bahn meine Brieftasche verloren.
   - 동생이 과자를 먹어 버렸어요. – Das kleine Geschwisterlein hat alle Kekse aufgegessen.

4.6 **Retentiv:** Festhalten eines Zustands als Ergebnis der Handlung

1) Vst + -아/어 가지다
   - 자유대에서 한국어를 2년 배워 가지고 한국에 갔어요. – Ich habe zwei Jahre an der FU Koreanisch gelernt und bin dann nach Korea gegangen.
   - 그 책을 읽어 가지고 다시 오세요. – Lesen Sie sich das Buch durch, bevor Sie wieder herkommen.

2) Vst + -아/어 두다: Herbeiführen und Festhalten eines Zustands für eine spätere Verwendung
   - 나는 공책을 책상위에 놓아 두었다. – Ich habe das Heft auf dem Schreibtisch abgelegt.
   - 이런 것을 알아 두면 좋습니다. – Das sollten Sie sich gut merken.

3) Vst + -아/어 놓다: Abschluss einer Handlung und Beibehaltung dieses Zustands
   - 다 준비해 놓았어요. – Ich habe alles fertig vorbereitet.
   - 주소를 여기 써 놓았어요. – Die Adresse habe ich hier aufgeschrieben.

⚠ 주 Zwischen -아/어 놓다 und -아/어 두다 besteht meist nur ein geringfügiger Unterschied. Beispiel:
   - 문을 열어 놓았어요. – Ich habe die Tür offen gelassen. (einfach so)
   - 문을 열어 두었어요. – Ich habe die Tür offen gelassen. (gleich für nachher)

4.7 **Iterativ:** Ausdruck einer wiederholten Handlung

1) Vst + -아/어 대다: intensive Wiederholung, bis zur Extreme
   - 그 사람은 괜히 웃어 댄다. – Er/Sie lacht immer lautstark ohne Grund.
   - 철수는 계속해서 거짓말을 해 댔어요. – Ch'ŏl-su hat in einem fort gelogen.

2) Vst + -곤하다: gewohnheitsmäßige Wiederholung
   - 수업이 끝나면 도서관에 가곤 해요. – Nach dem Unterricht gehe ich (normalerweise) immer in die Bibliothek.
   - 철수는 작년까지 매일 전화를 하곤 했어요. – Bis zum vorigen Jahr hat Ch'ŏl-su jeden Tag angerufen.

4.8 **Prospektiv:** Ausdruck des Zustandekommens eines neuen Zustands bzw. des Übergangs zu einem neuen Zustand / einer neuen Handlung aufgrund äußerer Faktoren

Vst + -게 되다: «es kommt/kam dazu, dass ...; es hat sich ergeben, dass ...» Bei EV: «werden»
   - 다음 주부터 우체국에서 일하게 됐어요. – Ab nächster Woche werde ich bei der Post arbeiten.
   - 사무실이 깨끗하게 되었다. – Das Büro ist auf einmal ganz sauber.

4.9 Ausdruck des Verschlimmerns eines Zustandes

Vst + –아/어 빠지다 (vom Hauptverb mit der Bedeutung «hineinfallen»)

- 이 기계는 낡아 빠졌다. – Diese Maschine ist veraltet.
- 그 나라 정치가 썩어 빠졌다. – Die Politik dieses Landes ist völlig korrupt.

5. Kasus-Marker (Kasusendungen, Postpositionen 격조사)

Da die Kasus-Marker ursprünglich selbstständige Wörter (Partikeln, Partikelwörter) waren, werden sie in den meisten traditionellen koreanischen Grammatiken immer noch als 조사 («Hilfswörter») bezeichnet. Sie kennzeichnen die syntaktische Funktion (Satzgliedfunktion) eines Nomens im Satz. Wenn der Kontext es erlaubt, können sie aber auch – vor allem in der mündlichen Sprache – weggelassen werden (vgl. 2.1 Koreanisch als «kontextorientierte Sprache»).

5.1 Subjekt-Marker –이/가, –께서

1) Der Subjekt-Marker zur Kennzeichnung des grammatischen Subjekts ist zweigestaltig: An Nomen mit konsonantischem Auslaut wird die Endung –이, bei vokalischem Auslaut die Endung –가 gefügt.
   - 봄이 왔어요. – Der Frühling ist gekommen.
   - 아기가 울어요. – Das Kind weint.
2) Die honorative Form des Subjekt-Markers ist die Endung –께서. In diesem Falle muss im Prädikat das honorative Morphem –(으)시– verwendet werden (vgl. Punkt 11).
   - 아버님께서 신문을 보십니다. – Vater liest die Zeitung.
   - 할아버지께서 손녀에게 선물을 주셨다. – Der Großvater gab seiner Enkelin ein Geschenk.

5.2 Objekt-Marker –을/를

1) Er dient der Kennzeichnung des direkten Objekts (im Deutschen auch «Akkusativ-Objekt»). Der Objekt-Marker ist zweigestaltig: An Nomen mit konsonantischem Auslaut wird die Endung –을, bei vokalischem Auslaut die Endung –를 gefügt.
   - 나는 책을 읽어요. – Ich lese ein Buch.
   - 아침에 라디오를 들어요. – Morgens höre ich Musik.
2) Der Objekt-Marker kann auch anstelle von Direktiv- oder Ablativ-Markern verwendet werden:

- 민수가 영어학원을 혼자 갔어요. – Min-su ist alleine in die Englisch-Akademie gegangen.
- 저녁에 산을 내려왔어요. – Am Abend sind wir wieder aus den Bergen herabgestiegen.

3) Der Objekt-Marker kann auch das Ziel einer Handlung oder Bewegung kennzeichnen:
   - 젊었을 때 자주 사냥을 갔어요. – Als ich jung war, bin ich oft auf Jagd gegangen.

5.3 Genitiv-Marker –의

1) Dient in erster Linie der Besitzanzeige:
   - 이게 수미의 잡지예요. – Das ist Su-mis Zeitschrift.
   - 내 친구의 차를 빌렸어요. – Ich habe das Auto meines Freundes geborgt.
2) Dient auch der Kennzeichnung weiterer attributiver Zugehörigkeit, z. B.:
   - 꽃의 향기를 좋아해요. – Ich mag den Duft von Blumen.
   - 그는 내 월급의 두 배 받아요. – Er bekommt das Zweifache meines Gehalts.

   Ist die attributive Zuordnung eindeutig, wird –의 auch oft weggelassen.
   - 아내 성격은 강하다. – Der Charakter meiner Frau ist stark. → Meine Frau hat einen starken Charakter.

5.4 Lokativ-Marker –에, –에게, –한테

1) Kennzeichnung des Vorhandenseins/Nicht-Vorhandenseins an einem Ort mit –에 (bei unbelebten N):
   - 우리는 교실에 있어요. – Wir sind im Klassenraum.
   - 그런 것이 한국에 없다. – So etwas gibt es in Korea nicht.

⚠ 주 Der Ort kann auch figurativ bzw. ein abstrakter Raum sein:
   - 사랑에 국경이 없다. – Liebe kennt keine Grenzen.

2) Kennzeichnung des Vorhandenseins/Nicht-Vorhandenseins bei einer Person mit –에게/ –한테 (bei belebten N):
   - 그 사람에게 나쁜 버릇이 있어요. – Bei ihm sind schlechte Angewohnheiten vorhanden. → Er hat schlechte Angewohnheiten.
   - 민수에게 그만한 돈이 없어요. – So viel Geld hat Min-su nicht.

⚠ 주 Der Unterschied zwischen -에게 und -한테 ist nur stilistisch bedingt; in der Umgangssprache / mündlichen Sprache wird meist -한테 benutzt.

- 책임은 나한테 없다. – Die Verantwortung liegt nicht bei mir. → Ich trage keine Verantwortung.

5.5 Lokativ/Ablativ-Marker -에서, -에게서, -한테서

1) Kennzeichnung der Handlung an einem Ort:
   - 박물관에서 일해요. – Ich arbeite im Museum.
   - 나는 자유대학교에서 공부해요. – Ich studiere an der FU.

⚠ 주1 Der Ort kann auch figurativ bzw. ein abstrakter Raum sein:
   - 회의가 좋은 분위기에서 진행되었다. – Das Meeting fand in einer angenehmen Atmosphäre statt.

⚠ 주2 Einige Verben können sowohl mit -에서 als auch mit -에 einhergehen; die Nuance in der Bedeutung ist dabei allerdings sehr gering. So zum Beispiel:
   - 나는 베를린에 살아요. – Ich lebe in Berlin.
   - 나는 베를린에서 살아요. – Ich lebe/wohne in Berlin.

2) Kennzeichnung des Ausgangspunktes einer Handlung oder der Bewegung von einem Ort weg / aus etw. heraus (unbelebtes N):
   - 나는 폴란드에서 왔어요. – Ich bin aus Polen gekommen. → Ich komme aus Polen.
   - 버스는 공항에서 출발한다. – Der Bus fährt vom Flughafen ab.

3) Kennzeichnung des Ausgangspunktes einer Handlung oder der Bewegung von jemandem weg (belebtes N):
   - 친구한테서 생일 선물을 받았어요. – Von meinem Freund habe ich ein Geburtstagsgeschenk bekommen.
   - 직장 선배에게서 충고를 들었어요. – Von einem Dienstälteren auf der Arbeit habe ich einen Rat erhalten.

⚠ 주1 Der Unterschied zwischen -에게서/-한테서 ist – genau wie bei -에게/-한테 – nur stilistisch bedingt; in der Umgangssprache / mündlichen Sprache wird meist -한테서 benutzt.

⚠ 주2 Wird das belebte N eher figurativ gebraucht, wird -에서 statt -에게서/-한테서 verwendet:
   - 철수가 아이에서 청소년으로 성장했어요. – Ch'ŏl-su ist vom Kind zum Jugendlichen herangewachsen.

⚠ 주3 In förmlicher Sprache kann statt –에서, –에게서/–한테서 auch –(으)로부터 verwendet werden:

- 북쪽으로부터 찬 바람이 불어왔다. – Aus nördlicher Richtung / Von Norden her wehte ein kalter Wind herüber.
- 나는 언니로부터 영향을 많이 받았다. – *Ich erhielt viel Einfluss von meiner älteren Schwester.* → Ich wurde von meiner älteren Schwester stark beeinflusst.

5.6 Direktiv-Marker –에, –(으)로, –에게, –한테, –께

1) Kennzeichnung der Richtung / des Zielpunktes einer Bewegung/Handlung (bei unbelebten N):
   - 영수가 중국에 갔어요. – Yŏng-su ist nach China gefahren.
   - 봉투에 우표를 붙였어요. – Ich habe eine Briefmarke auf den Umschlag geklebt.

⚠ 주 1 In der Bedeutung «irgendetwas irgendwohin tun» kann in der Umgangssprache auch die Langform –에다(가) verwendet werden.

- 책상 위에다 놓으세요. – Legen Sie das auf den Schreibtisch.
- 사진은 우리 홈페이지에다가 올렸어요. – Ich habe das Foto auf unsere Homepage gestellt.

⚠ 주 2 Der Zielpunkt der Bewegung/Handlung kann auch abstrakt sein:

- 인삼은 건강에 좋아요. – Ginseng ist gut für die Gesundheit.

2) In derselben Funktion kann auch –(으)로 verwendet werden, das mehr die Richtung betont und nicht so sehr den Zielpunkt. Oft gibt es aber keinen wesentlichen Bedeutungsunterschied.
   - 이 버스는 동대문으로 가요. – Dieser Bus fährt zum / Richtung Tongdae-mun.
   - 이번 방학에는 바다로 갈까요? – Wollen wir in diesen Ferien ans Meer fahren?
   - 시청역에서 2호선으로 갈아타야 해요. – An der Station Rathaus müssen Sie in die Linie 2 umsteigen.
3) Kennzeichnung der Richtung / des Zielpunktes einer Bewegung/Handlung (bei belebten N):
   - 다른 사람한테 물어 봐요. – Fragen Sie jemand anderen.
   - 닭에게 모이를 주었다. – Ich gab den Hühnern Futter. → Ich fütterte die Hühner.

4) Die honorative Form des Direktiv-Markers ist die Endung –께. Sie geht meist mit einer Bescheidenheitsform des Verbs einher.
   - 이것을 할아버지께 갖다 드려라. – Bringe das dem Großvater.

5.7 Temporal-Marker –에

Kennzeichnung von Zeitpunkten:

- 매일 7시에 일어나요. – Ich stehe jeden Tag um 7 Uhr auf.
- 저녁에 TV를 봐요. – Am Abend / Abends schaue ich fern.
- 딸은 작년에 대학을 졸업했다. – Die Tochter hat vergangenes Jahr die Uni absolviert.
- 다음달에 포츠담으로 이사할 거예요. – Nächsten Monat ziehe ich nach Potsdam um.

⚠ 주 어제 (gestern), 오늘 (heute) und 내일 (morgen) werden nicht mit –에 markiert, wenn es sich um eine konkrete Tagesangabe handelt (Verwendung wie bei einem Adverb).

- 오늘 만나요. – Treffen wir uns heute.
- 내일 다시 시작합시다. – Fangen wir morgen noch einmal an.

Aber bei abstrakter Verwendung (wie ein N) erfolgt die Markierung mit –에: 이 노래는 오늘에 이르기까지 인기가 있다. – Dieses Lied ist bis heute populär.

5.8 Instrumental-Marker –(으)로

1) Meist zur Kennzeichnung eines Instruments/Mittels (im weitesten Sinne), einer Methode:
   - 연필로 쓰세요. – Schreiben Sie bitte mit Bleistift.
   - KTX로 갑시다. – Lassen Sie uns mit dem KTX fahren. → Nehmen wir den KTX.
2) Kennzeichnung von Material (aus dem etwas besteht / gemacht ist):
   - 이 집은 나무로 지은 집이에요. – Dieses Haus ist aus Holz gebaut.
   - 김치는 배추로 만들어요. – Kimchi wird aus Chinakohl zubereitet.
3) Kennzeichnung einer Qualifikation («als»):
   - 내 동생은 교사로 일하고 있어요. – Meine jüngere Schwester arbeitet als Lehrerin.
   - 넌 나를 바보로 보는 거야? – Hältst du mich für einen Dummkopf?

⚠ 주 Die Variante -(으)로서 ist monofunktional und bedeutet nur «Qualifikation»:

- 나는 지금 친구로서 충고하는 거야. – Ich gebe dir jetzt einen Rat als Freund.

4) Kennzeichnung einer Art und Weise oder eines Zustandes:
   - 빈손으로 생일 파티에 갈 수 없지요. – Mit leeren Händen kann man doch nicht zur Geburtstagsparty gehen.
   - 그는 반가운 얼굴로 나를 맞이했다. – Er empfing mich mit freudiger Miene.

5.9 Komparativ-Marker -보다, -처럼

1) Das Vergleichsobjekt der Ungleichheit wird mit -보다 gekennzeichnet. Die Stellung im Satz spielt dabei keine Rolle:
   - A는 B보다 커요. – A ist größer als B.
   - 버스보다 지하철이 더 빠릅니다. – Die U-Bahn ist schneller als der Bus.
2) Das Vergleichsobjekt der Gleichheit wird mit -처럼 gekennzeichnet:
   - 민호는 나처럼 한국학을 공부해요. – Min-ho studiert wie ich Koreastudien.
   - 새처럼 날고 싶다. – Ich möchte fliegen (können) wie ein Vogel.

⚠ 주 Verneinte Sätze mit -처럼 sind zweideutig:

- 나는 엄마처럼 일을 못 해요. –
  1. Ich kann genau wie Mutter nicht gut arbeiten.
  2. Ich kann nicht so gut arbeiten wie Mutter.

5.10 Soziativ-Marker -와/과, -하고, -(이)랑

1) Die Soziativ-Marker -와/과, -하고, -(이)랑 haben ursprünglich alle die Funktion der Reihung von Nomen (= «und»).

⚠ 주 -와 nach vokalischem und -과 nach konsonantischem Auslaut! (Sonst meist umgekehrt: Vokal – Konsonant, Konsonant – Vokal)

- 사과와 배 – Äpfel und Birnen
- 볼펜과 연필 – Kugelschreiber und Bleistift

2) Bei bestimmten Verben dienen sie aber auch der Kennzeichnung des Soziativ-Objekts im Sinne von «(zusammen/gemeinsam) mit». -와/과 wird dabei vor allem in der Schriftsprache und in förmlicher Sprache verwendet.

- 그 사람과 자주 만나요. – Ich treffe mich oft mit ihm.
- 주말에 유미와 테니스를 쳐요. – Am Wochenende spiele ich mit Yu-mi Tennis.

주 Adverbien wie 함께, 같이 («zusammen») können diese Funktion verstärken.

- 주말에 유미와 함께 테니스를 쳐요. – Am Wochenende spiele ich zusammen mit Yu-mi Tennis.

3) –하고 hat dieselbe Bedeutung wie –와/과, ist aber umgangssprachlicher:
   - 민수하고 (같이) 수영장에 갔어요. – Ich bin mit Min-su (zusammen) ins Schwimmbad gegangen.
4) Wahrscheinlich noch etwas umgangssprachlicher als –하고 ist –(이)랑. Nach konsonantischem Auslaut folgt –이랑, nach vokalischem Auslaut –랑:
   - 그는 애완견이랑 한 방에서 잔다. – Er schläft in einem Zimmer mit seinem Hund.
   - 미나는 언니랑 (같이) 갔어. – Mi-na ist (zusammen) mit ihrer großen Schwester weg(-gegangen).

5.11 Ausgangs- und Endpunkt (lokal und temporal): –에서/부터 ... –까지

1) Ausgangs- und Endpunkt (lokal): –에서/부터 ... –까지
   - 목포에서 제주도까지 배를 타고 갔어요. – Ich bin von Mokp'o nach Cheju-do mit dem Schiff gefahren.
   - 베를린부터 바르샤바까지 얼마나 멀어요? – Wie weit ist es von Berlin nach Warschau?

주 –까지 kann auch als QM mit der Bedeutung «sogar» verwendet werden; (vgl. Punkt 6. 12))

2) Ausgangs- und Endpunkt (temporal): –에서/부터 ... –까지
   - 도서관은 아침 9시부터 저녁 6시까지 문을 열어요. – Die Bibliothek ist von morgens um 9 bis abends um 6 geöffnet.
   - 아침 식사 시간은 7시 반에서 8시 반 사이예요. – Frühstückszeit ist zwischen 7.30 Uhr und 8.30 Uhr.

Zum Schluss noch einmal die wichtigsten polyfunktionalen Kasus-Marker in der Übersicht:

–에

(1) Lokativ-Marker (Vorhandensein an einem Ort)
- 김철수가 교실에 있어요. Kim Ch'ŏl-su ist im Klassenzimmer.

(2) Direktiv-Marker (Richtungsangabe, Zielort einer Handlung)
- 박선생님이 한국에 가세요. Herr Pak fährt nach Korea.

(3) Temporal-Marker (Zeitangabe)
- 오전에 무엇을 하세요? Was machen Sie am Vormittag?

(4) Kausal-Marker (Angabe eines Grundes)
- 바람에 나무가 쓰러졌어요. Wegen des Windes fiel der Baum um.

(5) «für, pro» bei Mengen- oder Wertangaben
- 이 사과가 한 개에 얼마예요? Wie viel kosten diese Äpfel das Stück?

(6) «zu, dazu» (Koordinativ-Marker, in der Umgangssprache auch Langform möglich: –에다(가))
- 과일에 채소까지 샀어요. Zusätzlich zum Obst habe ich noch Gemüse eingekauft.
- 맥주에다가 소주까지 마셨어요. Zum Bier hat er obendrein noch Soju getrunken.

–에서

(1) Lokativ-Marker (Handlung an einem Ort)
- 도서관에서 공부해요. Ich lerne in der Bibliothek.

(2) Ablativ-Marker (Herkunfts-/Ausgangsort einer Handlung)
- 어느 나라에서 왔어요? Aus welchem Land kommen Sie?

(3) Ablativ-Marker (zeitlicher Ausgangspunkt einer Handlung, auch: –부터)
- 열 시에서 두 시까지 수업이 있어요. Von 10 bis 14 Uhr habe ich Unterricht.

(4) Subjekt-Marker (nur bei kollektivem Subjekt)
- 정부에서 뭐라고 말했어요? Was hat die Regierung (dazu) gesagt?

–(으)로

(1) Instrumental-Marker
- 택시로 왔어요. Ich bin mit dem Taxi gekommen.
- 영어로 말씀하세요. Bitte sprechen Sie auf Englisch.
- 볼펜으로 쓰세요. Bitte schreiben Sie mit Kuli.

(2) Direktiv-Marker (Richtungsangabe)

- 오른쪽으로 가세요. Gehen Sie nach rechts.

(3) Kausal-Marker (Angabe eines Grundes)

- 회사일로 정신이 없어요. Wegen der Arbeit in der Firma weiß ich nicht, wo mir der Kopf steht.

(4) Qualifikativ-Marker («als», auch -로서/으로서)

- 그분은 의사로 병원에서 일해요. Er arbeitet als Arzt im Krankenhaus.

(5) Resultativ-Marker

- 물이 얼음으로 변했어요. Das Wasser ist zu Eis geworden.

6. Qualifizierende Marker (qualifizierende Endungen, Hilfsendungen 보조사)

Im Unterschied zu den Kasus-Markern bestimmen sie nicht die syntaktische Funktion eines Satzglieds, sondern haben in erster Linie eine semantische Funktion.

1) Topik-Marker -은/는 (N-k -은, N-v -는)
Der Topik-Marker wird auch «Themaendung» genannt, da die Hauptfunktion die Kennzeichnung des Satzthemas ist (entspricht im Deutschen etwa «Was ... angeht/betrifft»). Er markiert demnach oft das grammatische Subjekt eines Satzes, hat aber zusätzlich die Hauptfunktionen «Kontrast» und «Betonung/Fokus». Dazu werden Subjekt- und Objekt-Marker durch -은/는 ersetzt, an alle anderen Marker wird -은/는 angefügt. Einige Beispiele:

a) -은/는 zur Markierung des Subjekts: das, worüber gerade gesprochen wird, oder das «Ich», das gerade spricht (dieses Satzglied kann oft weggelassen werden, vgl. 2.1 Koreanisch als «kontextorientierte Sprache»); kennzeichnet das Bekannte, die bekannte/alte Information, das Allgemeingültige:
- 그는 스페인 사람이에요. – *Was ihn betrifft, er ist Spanier.* → Er ist Spanier.
- 북극곰은 북극에서 산다. – *Was die Eisbären angeht, die leben am Nordpol.* → Eisbären leben am Nordpol.

b) -은/는 statt Objekt-Marker:
- 이 책은 어제 읽어 봤어요. – *Was dieses Buch angeht, das habe ich gestern gelesen.* → Das Buch habe ich gestern gelesen.

c) -은/는 am Lokativ-Marker:
- 호주에는 독뱀이 많아요. – In Australien gibt es viele Giftschlangen.

d) -은/는 am Lokativ-/Ablativ-Marker:
- 서울에서는 뭐 했어요? – *In Seoul, was haben Sie da gemacht?* → Was haben Sie in Seoul gemacht?

e) -은/는 am Temporal-Marker:
- 겨울에는 추워요. – Im Winter ist es kalt.

f) -은/는 am Instrumental-Marker:
- 사람이 빵만으로는 살 수 없다. – Nur von Brot allein kann der Mensch nicht leben.

⚠ 주1 Eine erstmalig vorgebrachte «neue Information» bzw. die Frage danach kann (logischerweise) nicht mit -은/는 gekennzeichnet werden.

- A: 누가 하시겠어요? – Wer will es machen? B: 제가 할 게요. – Ich werde es machen.

In Ausnahmefällen kann auch eine neue Information mit –은/는 markiert werden (wie im folgenden Bsp. 맥주 – «Bier»), nämlich dann, wenn die Kontrast-Funktion eine primäre Rolle spielt:

- A: 소주가 있어요? – Gibt es (= Haben Sie) Soju? B: 아니요, 없어요. – Nein, haben wir nicht. A: 그럼, 맥주는 있어요? – Aber Bier haben Sie?

⚠ 주2 Bei doppelter Verwendung von –은/는 ist die Kontrast-Funktion eindeutig:

- 엄마는 일을 하고 아기는 논다. – Die Mutter arbeitet, und das Kind spielt.

Auch können «bekannte/alte Information» und «Kontrast/Fokus» zusammen auftreten:

- 나는 영어는 배웠어요. – Englisch habe ich gelernt *(andere Sprachen aber nicht).*

⚠ 주3 –은/는 kann in der Kontrast-/Fokus-Funktion nicht nur bei Nomen, sondern auch mit Adverbien, Konjunktionalendungen und vielen anderen grammatischen Elementen verwendet werden.

- 한국말을 잘은 못 해요. – Gut kann ich Koreanisch nicht sprechen.
- 집이 멀지는 않아요. – Weit ist das/mein Haus nicht weg.

2) Restriktivendung –만 – Einschränkung, Betonung «nur»

a) Der QM –만 ersetzt oder rückt vor den Subjekt-, Objekt- und Topik-Marker:

- 오리고기만(이) 있어요. – *Nur Entenfleisch ist vorhanden.* → Wir haben nur Ente(-nfleisch).
- 너만(을) 사랑할게. – Ich werde (immer) nur dich lieben.
- 한 번만(은) 볼게요. – Ein einziges Mal (nur) werde ich es mir anschauen.

b) An Direktiv-, Lokativ- und Temporal-Marker wird –만 angefügt.

- 피지제도에만 갔다왔어요. – Ich war nur auf den Fiji-Inseln.
- 그는 지금까지 우체국에서만 일했어요. – Er hat bisher nur auf der Post gearbeitet.
- 여기서 겨울에만 두루미를 볼 수 있어요. – Hier kann man nur im Winter Mandschurenkraniche sehen.

c) Beim Instrumental-Marker kann das –만 davor oder danach kommen.

- 바위와 돌만으로 된 산이에요. – Der Berg besteht nur aus Fels und Gestein.
- 한국말로만 하세요. – Sprechen Sie bitte nur auf Koreanisch.

3) 밖에 + Verneinung: Gradangabe «nichts außer ...» (= nur). Ist keine Endung (daher auch getrennt vom N geschrieben), funktioniert aber wie ein QM. In der Regel ist die negative Konnotation stärker als bei -만.

- 여기는 모래 밖에 없어요. – Hier gibt es nichts außer Sand.
- 동물원에 저 밖에 안 갔어요. – Außer mir ist niemand in den Zoo gegangen. → Nur ich bin in den Zoo gegangen.

4) Augmentativendung -도 – Anreihung, Hinzufügung, Hervorhebung «auch»

a) Der QM -도 ersetzt den Subjekt- und Objekt-Marker:

- 나도 라오스에 가고 싶다. – Auch ich möchte nach Laos fahren.
- 사과도 샀어요. – Äpfel habe ich auch gekauft.

b) An Direktiv-, Lokativ-, Temporal- und Instrumental-Marker wird -도 angefügt.

- 학교에도 자전거 타고 가요. – Auch in die Schule fahre ich mit Fahrrad.
- 때때로 도서관에서도 공부해요. – Ab und zu lerne ich auch in der Bibliothek.
- 내년에도 베트남에 갈 거예요. – Auch im nächsten Jahr werde ich nach Vietnam fahren.
- 붓으로도 쓸 수 있어요. – Auch mit Pinsel kann ich schreiben.

⚠ 주1 -도 + Verneinung hat die Bedeutung «nicht einmal»:

- 상상도 못 했어요. – Das konnte ich mir nicht einmal vorstellen.
- 천 원도 없어요. – Ich habe nicht einmal 1.000 Wŏn.

⚠ 주2 Bei Doppelung «sowohl als auch»; bei Doppelung + Verneinung: «weder noch»:

- 백화점에서 옷도 사고 신발도 샀어요. – Im Kaufhaus habe ich sowohl Kleidung als auch Schuhe gekauft.
- 시간도 없고 돈도 없다. – Ich habe weder Zeit noch Geld.

5) Topik-Marker (betonte Thematisierung) -(이)란 – Kontraktionsform von -(이)라고 하는 것은 «die soundso genannte Sache»; meist für Definitionen gebraucht.

- 진리란 무엇인가? – Was ist das, was wir Wahrheit nennen?
- 필통이란 필기구를 담는 통을 말한다. – Ein Schreibetui bezeichnet einen Behälter, in dem man Schreibutensilien aufbewahrt.

6) –쯤 – Ausdruck einer ungefähren Menge «etwa»
- 회의는 한 시간쯤 걸렸어요. – Die Versammlung dauerte ungefähr eine Stunde.
- 20 명쯤 왔어요. – Etwa 20 Personen sind gekommen.

Bei Zeitangaben kann zur Konkretisierung der Temporal-Marker angehängt werden.
- 몇 시쯤에 집에 와요? – Um wie viel Uhr etwa kommst du nach Hause?

7) –후 – «nach» (temporal)

a) N + 후(에)
- 십 분 후에 대사관 앞에서 만나자. – Treffen wir uns in 10 Minuten vor der Botschaft.
- 며칠 후에 다시 오겠습니다. – In ein paar Tagen komme ich wieder.

b) Vst –ㄴ/은 후에
- 영화가 끝난 후에 술집에 갔어요. – Nachdem der Film zu Ende war, sind wir in eine Kneipe gegangen. → Nach dem Film sind wir in eine Kneipe gegangen.
- 결혼한 후에 그 여자는 직장을 그만두었다. – Nachdem sie geheiratet hatte, gab sie ihre Arbeit auf. → Mit der Heirat gab sie ihren Beruf auf.

8) –전 – «vor» (temporal)

a) N + 전에
- 할머니는 5년 전에 돌아가셨습니다. – Großmutter ist vor fünf Jahren gestorben.
- 여행 전에 준비를 잘 해야 한다. – Vor der/einer Reise muss man die richtigen / ausreichend Vorbereitungen treffen.

b) Vst –기 전에
- 밥 먹기 전에 꼭 손을 씻어라. – Wasche dir unbedingt die Hände vor dem Essen!
- 한국에 오기 전에 무엇을 하셨어요? – Was haben Sie gemacht, bevor Sie nach Korea gekommen sind?

9) –(이)나 – «etwa» (N-k –이나, N-v –나)

a) Ursprünglich Endung zur disjunktiven Reihung: «oder»
- A나 B를 선택하세요. – Wählen Sie A oder B aus.
- 아침에 커피나 우유를 마십니다. – Morgens trinke ich Kaffee oder Milch.

b) Ausdruck der Generalisierung / einer ungefähren Angabe, Unbestimmtheit (ähnlich -쯤) – «etwa, ungefähr»:
   - 몇 시간이나 걸려요? – Wie lange etwa dauert es?
   - 파티에 백 명이나 왔어요. – Auf der Party waren ungefähr hundert Leute.

c) Ausdruck des Erstaunens (im Sinne von Übertreffen der Erwartungen) – «sage und schreibe»:
   - 그 여자는 소주 두 병이나 마셨어요. – Sie hat sage und schreibe zwei Flaschen Soju getrunken.
   - 나는 그 영화를 다섯 번이나 봤어요. – Ich habe den Film tatsächlich fünfmal gesehen.

d) Ausdruck der Hervorhebung mit konzessiv-einschränkender Nuance (notgedrungene Auswahl, Desinteresse): «eben, oder so»
   - 다른 게 없으면 라면이나 먹자. – Wenn nichts anderes da ist, dann essen wir eben eine Instant-Nudelsuppe.
   - 차나 마실까요? – Wollen wir einen Tee oder so trinken / oder irgendetwas?
   - 그럼 장기나 둡시다. – Dann spielen wir eben Schach.

10) -마다 – Zusammenfassung, Verallgemeinerung: «jede/r/s»
   - 사람마다 얼굴이 달라요. – Jeder Mensch hat ein anderes Gesicht.
   - 주말마다 테니스를 쳐요. – Jedes Wochenende spiele ich Tennis.

11) -조차 + Verneinung oder negatives V – «sogar, nicht einmal»
   - 생각조차 못 했어요. – Daran hatte ich überhaupt nicht gedacht.
   - 그는 제 이름조차 못 쓴다. – Er kann nicht einmal seinen Namen schreiben.

⚠ 주 Zur Verstärkung auch mit Augmentativendung -도
   - 그 여자 이름조차도 몰라요. – Ich kenne nicht einmal ihren Namen.

12) -마저 + Verneinung oder negatives V – extremes Ereignis, unglaubliche/befremdliche Tatsache (fast synonym mit -조차, aber intensiver): «sogar, obendrein»
   - 빚 때문에 집마저 팔았어요. – Wegen der Schulden hat er sogar sein Haus verkauft.
   - 차 사고로 부인하고 아들마저 잃었어요. – Bei einem / Durch einen Verkehrsunfall hat er seine Frau und sogar/obendrein noch seinen Sohn verloren.

▲ 주 Für den Ausdruck von «selbst, sogar» stehen im Koreanischen vier Endungen zur Verfügung. Ordnet man sie von der semantisch schwächsten zur stärksten Form, ergibt sich in etwa folgende Reihung: -도, -까지(도), -조차(도), -마저. Dabei können -도 und -까지(도) sowohl im positiven als auch im negativen Sinne, -조차(도) und -마저 nur in negativem Sinne verwendet werden.

13) -(이)라도 – Hervorhebung, Zugeständnis: «eben»

- 내일이라도 만납시다. – Dann treffen wir uns eben morgen.
- 시원한 맥주가 없으면 냉수라도 주세요. – Wenn kein kühles Bier da ist, dann geben Sie mir eben kaltes Wasser.

14) -(이)나마 – Zugeständnis: «(wenn auch nur, so doch) wenigstens», «zumindest»

- 형이 쓰던 자전거나마 한 대 있긴 있어요. – Zumindest/Wenigstens habe ich (noch) das Fahrrad, das mein älterer Bruder (früher) benutzt hat.
- 작은 힘이나마 도움이 되었으면 합니다. – Auch wenn meine Kräfte begrenzt sind, würde ich mich freuen, wenn sie für Sie hilfreich sein könnten.

▲ 주 In einigen Fällen mehr oder weniger synonym mit -(이)라도. Aber: Während bei -(이)나마 die Handlung trotz Unzufriedenheit des Sprechers ausgeführt wird, schwingt bei -(이)라도 mehr das Desinteresse an der Auswahl mit.

- 헌 우산이나마 쓰고 갑시다. – Nehmen wir wenigstens den alten Regenschirm mit.
  (= Ein alter Regenschirm ist zwar nicht schön, aber trotzdem nehmen wir ihn mit.)
  헌 우산이라도 쓰고 갑시다. – Nehmen wir eben den alten Regenschirm mit.
  (= Ein alter Regenschirm ist die zweitbeste Wahl, den kann man einfach mal so mitnehmen.)

15) -(이)든지 – indifferente Auswahl: «(egal) ob ... oder»

- 쌀이든지 야채든지 가져올 수 있는 건 다 가져와. – Ob Reis oder Gemüse – bring einfach alles mit, was du mitbringen kannst.

▲ 주1 Kann Frage- und Indefinitwörtern verallgemeinernde Bedeutung verleihen:

- 그는 무엇이든지 잘 먹는다. – *Er isst, was immer es auch sei.* → Er isst alles.

- 누구든지 실수는 하는 거예요. – *Wer immer es auch sei, er macht Fehler.* → Jeder macht mal Fehler.

⚠ 주2 Kann auch in der Kurzform -(이)든 auftreten:

- 사과든 배든 마음대로 사세요. – Egal, ob Äpfel oder Birnen – kaufen Sie, was Sie möchten.

16) -(이)ㄴ들 – «selbst wenn es so ist»

- 부모님 말을 안 듣는 아이가 선생님 말인들 듣겠어요? – *Wird ein Kind, das schon seinen Eltern nicht folgt, folgen, selbst wenn es die Worte des Lehrers sind?* → Wird ein Kind, das schon seinen Eltern nicht folgt, etwa auf seinen Lehrer hören?

⚠ 주 Ähnelt anderen konzessiven Endungen, unterliegt aber sehr starken Gebrauchseinschränkungen: Es folgt immer ein Zweifel oder eine gefühlsbetonte Aussage.

17) -(이)라(서) – «weil (es so ist)» (kann auch als Konjunktionalendung von -이다 betrachtet werden)

- 수리중이라서 영업을 안 합니다. – *Da wir mitten in der Renovierung sind, machen wir keinen Geschäftsbetrieb.* → Wegen Renovierung ist das Geschäft geschlossen.
- 시험 때라 도서관에 학생이 많아요. – Weil Prüfungszeit ist, sind viele Studenten in der Bibliothek.

18) -(이)야 – Emphatisierungsendung: «was das angeht / wenn es (das) ist, natürlich»; in Dialogen oft auch Ausdruck eines Kontrasts/Widerspruchs.

- 라면이야 내가 제일 잘 끓여. – Also, Instant-Nudelsuppe kann ich am besten kochen.
- 돈이야 많지. 하지만 행복하지는 않아. – Geld hat er reichlich. Aber glücklich ist er nicht.

19) -치고(는):

a) In der ersten Verwendung bringt -치고 zum Ausdruck, dass auf alle Nomen, die der Gruppe des mit -치고 markierten N angehören, eine bestimmte im Weiteren folgende Aussage (meist negativ oder im Stile einer zweifelnden Frage) ausnahmslos zutrifft – «unter / von allen»

- 어린 아이치고 과자를 안 좋아하는 아이 못 보았다. – *Unter kleinen Kindern habe ich noch keines gesehen, das keine Kekse mag.* → Ich habe noch kein kleines Kind gesehen, dass keine Kekse mag.

b) In der zweiten Verwendung wird das mit -치고 markierte N vor dem Hintergrund der für Nomen dieser Art im Allgemeinen vorausgesetzten bzw. erwarteten Eigenschaften zur (unerwarteten) Ausnahmeerscheinung: «für ein/e/en ... ist er/sie/es soundso».
   - 학생치고 많이 알아요. – Für einen Schüler weiß er viel.

⚠ 주 In beiden Funktionen ist eine Emphatisierung der Aussage durch -는 möglich:
   - 중고차치고는 새 차 같다. – Für einen Gebrauchtwagen ist er wie neu.

20) -은/는커녕 – Kennzeichnet die unwahrscheinlichere/unmögliche Wahl von zwei Möglichkeiten: «geschweige denn, ganz zu schweigen von». Dabei wird das zweite N mit -도, -조차 oder -마저 markiert.
   - 일등은커녕 이등도 못 하겠어요. – Er wird nicht einmal den zweiten Platz belegen, geschweige denn den ersten.
   - 택시는커녕 버스를 타고 다닐 돈조차 없다. – Ich habe nicht mal Geld für den Bus, geschweige denn für ein Taxi.

21) -만큼 – Vergleich der Gleichheit: «so ... wie»
   - 오늘은 어제만큼 덥지 않아요. – Heute ist es nicht so heiß wie gestern.
   - 아들이 아버지만큼 키가 컸다. – Der Sohn war so groß wie sein Vater.

⚠ 주 Verneinte Sätze mit -만큼 sind zweideutig und nur nach Kontext deutbar; vgl. Punkt 5.9, 2):
   - 이 차는 내 차만큼 비싸지 않아요. –
     1. Dieses Auto ist, wie meines auch, nicht teuer.
     2. Dieses Auto ist nicht so teuer wie meins.

7. Kompositionelle Kasus-Marker

Typisch für eine agglutinierende Sprache wird im Koreanischen eine Vielzahl von kompositionellen Kasus-Markern (KKM) verwendet. Dabei können bis zu drei KM und auch QM miteinander kombiniert werden. Auf alle Varianten einzugehen ist hier nicht möglich. Einige wichtige KKM s. unter den entsprechenden KM bzw. QM, z. B. Punkt 5.5 3), 6. 2), 4) und 11). Hier noch einige weitere KKM, die bereits eine eigenständige Semantik entwickelt haben.

1) -(으)로까지 – extremer Endpunkt eines Geschehens / einer Handlung / Entwicklung: «bis hin zu»
   - 상황은 세계대전으로까지 발전했다. – Die Situation entwickelte sich bis hin zum Weltkrieg.
   - 사소한 다툼이 결국 이혼으로까지 갔다. – Der belanglose Streit führte schließlich bis zur Scheidung.

2) -에게로 – Bewegung zu einer Person hin: «zu»
   - 나는 머뭇머뭇 그에게로 다가갔다. – Ich ging zögernd zu ihm hin.
   - 갑자기 모두의 관심이 나에게로 쏟아졌다. – Plötzlich richtete sich die Aufmerksamkeit aller auf mich.

3) -에서부터 – Ausgangspunkt einer Handlung (vorwiegend mdl. Sprachgebrauch): «von ... an», «ab»
   - 점심시간은 12시에서부터 1시까지예요. – Mittagszeit ist von zwölf bis eins.
   - 50쪽에서부터 100쪽까지 시험 범위이다. – Von Seite 50 bis Seite 100 ist der Bereich, der geprüft wird.

⚠ 주 In der Umgangssprache wird auch die Kontraktionsform -서부터 benutzt:
   - 12월서부터 기름 값이 또 오른대. – Ab Dezember soll der Benzinpreis wieder steigen.

4) -엘 – (nur mit Bewegungsverben) Betonung des Zielortes/Zielpunktes einer Bewegung
   - 동수는 지금 학교엘 갔는데. – Tong-su ist jetzt gerade in die Schule gegangen.
   - 그는 교회엘 열심히 다닌다. – Er geht eifrig in die Kirche.

5) -한테보다 – Kennzeichnung des indirekten Objekts bei Vergleichen
   - 철수 씨한테보다 유진 씨한테 물어 보는 게 나을 겁니다. – Es wäre besser Yu-jin zu fragen als Ch'ŏl-su.

8. Deverbale Postpositionen (동사에서 파생된 후치사)

Unter «deverbalen Postpositionen» (DPP) versteht man von Verben abgeleitete lexikalische Einheiten, die wie Postpositionen fungieren und damit meist unseren Präpositionen entsprechen, weshalb sie aus konfrontativer Sicht sehr wichtig sind. Dabei ist der Grad der Grammatikalisierung unterschiedlich. Einige können bereits als Mittel zum Ausdruck bestimmter grammatischer Funktionen betrachtet werden; das ursprüngliche Verb existiert als solches nicht mehr oder nur noch mit sehr begrenztem Formenspektrum (z.B. 의하다 «sich stützen auf», 관하다 «sich beziehen auf», 데리다 «mitnehmen»). Da die meisten DPP einen bestimmten KM regieren (zwingend verlangen), erfolgt die Übersicht hier nach der Rektion. Wenn vorhanden, werden die Konjunktional- (z.B. 관하여) und die Attributform (z.B. 관한), ggf. auch weitere Formen (z.B. auf -면) angeführt. Die Konjunktionalform auf -하여 ist die (meist schriftsprachlich verwendete) Grundform, in der mündlichen Sprache wird sie zu -해 bzw. -해서.

8.1 DPP, die -에 regieren

관하여, 관한 «über, bezüglich, hinsichtlich, zu»

- 그는 이 문제에 관해 연구하고 있다. – Er forscht zu diesem Problem.
- 나는 한국전쟁에 관한 자료를 모았다. – Ich habe Material über den Koreakrieg gesammelt.

대하여, 대한 «über, von, bezüglich»

- 우리는 한국에 대해서 이야기했다. – Wir unterhielten uns über Korea.
- 한국역사에 대한 책을 읽었다. – Ich habe ein Buch über koreanische Geschichte gelesen.

따라 «entsprechend, gemäß, zufolge, nach, je nach»

- 고인의 소망에 따라 가족들은 장례식을 치르지 않았다. – Dem Wunsch des Verstorbenen folgend, hielt die Familie keine Trauerfeier ab.

반하여, 반한 «wider, entgegen»

- 기대에 반하여 새 사무실이 아주 좋았다. – Wider Erwarten war das neue Büro sehr schön.

비하여, 비하면 «im Vergleich (zu), verglichen (mit), gegenüber»

- 나이에 비해 어려 보이시네요. – Für Ihr Alter sehen Sie jung aus!
- 그 집에 비하면 우리 집은 대궐이다. – Verglichen mit dem Haus ist unser Haus ein Palast.

의하여, 의한 «durch, infolge, aufgrund, dank»

- 진리는 실천에 의하여 검증된다. – Die Wahrheit wird durch die Praxis bewiesen.
- 근로에 의한 소득 – Einkommen durch Arbeit → Arbeitseinkommen

의하면 «nach, laut, gemäß, zufolge»

- 보도에 의하면 그 사고로 3명이 사망했다. – Meldungen zufolge sind bei dem Unfall drei Personen ums Leben gekommen.

8.2 DPP, die –을/를 regieren

데리고 «jn. mitnehmend/mitbringend», «mit»

- 개를 데리고 산책한다. – Ich gehe mit dem Hund spazieren.

따라 «entlang»

- 우리는 길을 따라 걸어갔다. – Wir gingen den Weg entlang.

비롯하여, 비롯한 «angefangen (mit)», «mit ... an der Spitze», «allen voran», «und andere»

- 아버지를 비롯하여 온 가족이 모였다. – Die ganze Familie, allen voran der Vater, versammelte sich.
- 선장을 비롯한 승무원 전원이 사망했다. – Die gesamte Mannschaft, einschließlich des Kapitäns, kam ums Leben.

앞두고 «vor» (temporal und lokal), «angesichts der/des bevorstehenden ...»

- 우리는 경기를 앞두고 작전을 짰다. – Vor dem Spiel arbeiteten wir eine Strategie aus.

위하여, 위한 «für (zum Zwecke / im Interesse von)», «zu»

- 그는 정의를 위하여 싸우고 있다. – Er kämpft für die Gerechtigkeit.
- 기본적인 교육을 실시하기 위한 학교다. – Das/Dies ist eine Schule zur Realisierung einer grundlegenden Ausbildung.

통하여 «durch; über; vermittels; dank»

- 나는 그 사람을 통해서 그 일을 알게 되었다. – Durch ihn habe ich von dieser Sache erfahren.

향하여, 향한 «nach, entgegen», «in Richtung (auf/zu)», «zu ... hin (gewandt)»

- 적군이 성을 향하여 공격해 왔다. – Die feindliche Armee rückte gegen die Festung vor.
- 나를 향한 그녀의 애정은 커졌다. – Ihre Zuneigung mir gegenüber wuchs.

8.3 DPP, die -(으)로 regieren

말미암아, 말미암은 «dank, durch, aufgrund, infolge, wegen»

- 소나기로 말미암아 공연이 한동안 중단되었다. – Aufgrund des Gewitterregens wurde die Vorführung eine Zeit lang unterbrochen.
- 운전 부주의로 말미암은 사고이었다. – Es war ein Unfall infolge von Unaufmerksamkeit beim Fahren.

인하여, 인한 «durch, wegen, von, aus, infolge» (oft – aber nicht zwingend – mit negativer Ursache)

- 지진으로 인해서 많은 사람들이 죽었다. – Infolge des Erdbebens sind viele Menschen gestorben.
- 이런 노력으로 인해 새로운 제품을 개발할 수 있었다. – Infolge dieser Anstrengungen konnte ein neues Produkt entwickelt werden.

⚠ 주 Auch als Kurzform 하여 «durch, infolge»

- 경기로 하여 실업자 사태가 났다. – Infolge der Krise kam es zu Massenentlassungen.

8.4 DPP, die -와/과 regieren

관련하여, 관련한 «in/im Zusammenhang mit»

- 이 문제와 관련하여 도움을 주셔서 감사합니다. – Ich danke Ihnen für Ihre Unterstützung in (Zusammenhang mit) dieser Angelegenheit.
- 아프가니스탄은 이와 관련한 가장 좋은 사례이다. – Das beste Beispiel in diesem Zusammenhang ist Afghanistan.

더불어 «zusammen mit»

- 우리는 자연과 더불어 살아가야 한다. – Wir sollten im Einklang mit der Natur leben.

8.5 Sonstige/Gemischte Rektionen

(endungsloser Anschluss) 따라 «außergewöhnlich, ausgerechnet, besonders»

- 오늘따라 택시도 안 잡힌다. – Ausgerechnet heute ist kein Taxi zu bekommen.

-을/를, -에 반대하여, 반대하는 «gegen»

- 그는 독재정권을 반대해서 싸웠다. – Er kämpfte gegen die Diktatur.
- 그 법률에 반대하는 항의 시위들이 벌어졌다. – Es gab Protestdemonstrationen gegen dieses Gesetz.

(endungsloser Anschluss) 앞서, -에 앞서, -보다 앞서 «vor, bevor (temporal)»

- 항상 책을 읽기 앞서 목차를 본다. – Vor dem Lesen eines Buches schaue ich mir immer das Inhaltsverzeichnis an.
- 출발에 앞서 모든 준비를 다 끝마쳤다. – Vor der Abreise habe ich sämtliche Vorbereitungen abgeschlossen. → Ich habe vor Reiseantritt sämtliche Vorbereitungen getroffen.
- 너보다 앞서 도착했다. – Ich bin früher als du / vor dir eingetroffen.

-에도 불구하고 «trotz, ungeachtet»

- 그들의 지원에도 불구하고 여전히 심각한 문제들이 남아 있다. – Trotz ihrer Unterstützung gibt es nach wie vor gravierende Probleme.

⚠ 주 Da vorrangig schriftsprachlich verwendet, auch häufig mit nominalisierten NS auf -(으)ㅁ:

- 비가 옴에도 불구하고 소풍을 갔다. – Trotz des Regens sind wir zum Picknick gefahren.

-을/를 불구하고 «unabhängig von, ohne Unterschied»

- 노소 (老少)를 불구하고 – ungeachtet des Alters

(endungsloser Anschluss) 삼아 «als, für, zu»

- 이 글을 장난삼아 썼다. – Diesen Text habe ich aus/zum Spaß geschrieben.

-을/를, (endungsloser Anschluss) 삼아 «mit ... als»

- 그는 개를 벗삼아 산다. – Er lebt mit seinem Hund als Freund.

-에, -에게 있어서 «bei, in, für»; «was … betrifft/angeht»

- 그 사람에게 있어서 이게 아주 중요한 일이다. – Für ihn ist das eine sehr wichtige Angelegenheit.
- 평가에 있어서 기본절차는 다음과 같다. – Was die Bewertung angeht, so ist die grundlegende Methode folgendermaßen.

-에, -을/를 즈음하혀, 즈음한 «anlässlich»

- 그 기념일에 즈음하여 모임을 가졌다. – Anlässlich dieses Gedenktages fand ein Treffen statt.
- 세월호 참사 1주기를 즈음한 전화 인터뷰가 있었다. – Es gab ein Telefon-Interview aus Anlass des 1. Jahrestages des Untergangs der «Sewol».

9. Satzschlussendungen (종결어미)

9.1 Sprechstufen

Das Prädikat am Ende des Hauptsatzes trägt die Satzschlussendung (auch Terminalform genannt). Diese sind nach Satzart, Sprechstufe, Zeitform und zum Teil auch nach Modalbeziehungen differenziert. Es werden fünf Satzarten unterschieden: Aussagesatz (서술형), Fragesatz (의문형), Ausrufesatz (감탄형), Befehlssatz (명령형) und Adhortativsatz (auch Aufforderungssatz / inklusiver Imperativ, 청유형). Je nach der sozialen Beziehung zwischen den Kommunikationspartnern sowie der Kommunikationssituation wird eine von sechs verschiedenen Sprechstufen (Höflichkeitsstufen, Stufen des soziativen Bezugs) gewählt, die von herabsetzend über gleichsetzend bis hin zu erhöhend wirken. Es folgt eine Übersicht.

Übersicht Sprechstufen (상태 높임법)

	1. 해	2. 해라	3. 하게	4. 하오	5. 해요	6. 하십시오
Aussage-satz (서술형)	–아/어 >가, 먹어, 커, 좋아	HV-v –ㄴ다 >간다 HV-k –는다 >먹는다 EV, EX, KV –다 >좋다, 있다, 학생이다	HV, EX, EV, KV –네 >가네, 먹네, 크네, 좋네, 있네, 학생이네	HV-v –오 >가오 HV-k, EV-k, EX –소 >먹소, 좋소, 있소	–아/어요 >가요, 먹어요, 커요, 좋아요	HV-v, EV-v, KV –ㅂ니다 >갑니다 HV-k, EV-k, EX –습니다 >먹습니다
Fragesatz (의문형)	–아/어	HV, EX –(느)냐 >가(느)냐, 먹(느)냐, 있(느)냐 EV-v, KV –냐 >크냐, 학생이냐 EV-k –(으)냐 >좋(으)냐	HV, EX –는가 >가는가, 먹는가, 있는가 EV-v, KV –ㄴ가 >큰가, 학생인가 EV-k –은가 >좋은가	HV-v –오 >가오 HV-k, EV-k, EX –소 >먹소, 좋소, 있소	–아/어요	HV-v, EV-v, KV –ㅂ니까 >갑니까, 큽니까 HV-k, EV-k, EX –습니까 >먹습니까, 좋습니까
Ausrufesatz (감탄형)	–아/어	HV, EX –는구나 >가는구나, 먹는구나 EV, KV –구나 >크구나, 좋구나	HV, EX –는구먼 >가는구먼, 먹는구먼 EV, KV –구먼 >크구먼, 좋구먼	HV, EX –는구려 >가는구려, 먹는구려 EV, KV –구려 >크구려, 좋구려	–아/어요	—
Befehlssatz (명령형)	–아/어	HV, EX –(으)라 >가라, 먹으라 HV, EX –아/어라 (mdl.) >가라, 먹어라, 있어라	HV, EX –게 >가게, 먹게, 있게	HV-v –오 >가오 HV-k, EX –소 >먹소, 있소	–아/어요	HV-v –십시오 >가십시오, 드십시오 HV-k –으십시오 >받으십시오
Adhortativ-satz (청유형)	–아/어	HV, EX –자 >가자, 먹자, 있자	HV –세 >가세	—	–아/어요	HV-v –ㅂ시다 >갑시다 HV-k –읍시다 >먹읍시다

Abkürzungen:
HV – Handlungsverben (동사), EV – Eigenschaftsverben, (형용사), EX – Existenzverben (존재사), KV – Kopulaverben (지정사), v – vokalisch auslautend, k – konsonantisch auslautend

Kurze Erklärung der einzelnen Sprechstufen:

1) 해-Stufe: Auch «반말» (= halbe Sprache/Rede) genannt, da diese Form dem Konverbalstamm (vgl. Punkt 10.) entspricht und ihr somit eigentlich die Endung fehlt. Wird verwendet bei sehr vertrauter Beziehung zwischen den Gesprächspartnern, z. B. unter Freunden, gegenüber Kindern, aber auch herablassend gegenüber sozial und altersmäßig niedriger stehenden Personen.

2) 해라-Stufe: Diese Form ist höflichkeitsneutral, daher auch ihre allgemeine Verwendung im schriftlichen Sprachgebrauch, z. B. in den Printmedien oder auch in der indirekten Rede (vgl. Punkt 16.). In der mündlichen Sprache kann sie wegen der fehlenden Höflichkeitskomponente nur bei sehr vertrauter Beziehung (z. B. im Wechselspiel mit der 해-Stufe) verwendet werden oder wenn der Hörer herabsetzend behandelt wird.

3) 하게-Stufe: Gleichsetzende Sprechstufe, z. B. zwischen erwachsenen Freunden, wenn Sprecher und Hörer hinsichtlich Alter und/oder sozialer Stellung weitgehend gleichrangig sind, sodass keine Notwendigkeit eines höflichen Umgangs besteht. Aber auch freundlich-herablassend, z. B. von Erwachsenen zu Jugendlichen. → Im KaF-Unterricht für Anfänger/innen nicht relevant!

4) 하오-Stufe: Gleichsetzende Sprechstufe, z. B. unter älteren Männern. In Nordkorea weit verbreitet, in Südkorea heutzutage nicht mehr sehr häufig gebraucht. → Im KaF-Unterricht für Anfänger/innen nicht relevant!

5) 해요-Stufe: Erhöhende Sprechstufe, höflich-informeller/vertrauter Umgang. Sie wirkt weniger steif, sondern eher zwanglos, ist aber trotzdem höflich und kann bei den meisten Gelegenheiten angewendet werden. Damit ist sie die in Südkorea am weitesten verbreitete und wichtigste Sprechstufe.

⚠ 주 In Nordkorea gilt diese Form als «Frauensprache» und wird von Männern vermieden.

6) 하십시오-Stufe: Die höchste Sprechstufe, für einen höflich-formellen/offiziellen Umgang. Sie wird gegenüber altersmäßig oder sozial höher stehenden Personen verwendet, manchmal auch im Wechselspiel mit der 해요-Stufe.

9.2 Spezielle Satzschlussendungen

Neben den regulären Satzschlussendungen gibt es noch eine ganze Reihe von Terminalformen mit modaler/emotionaler Färbung, die in der Regel nur bis zur 5. Sprechstufe auftreten.

1) –군요: Ausdruck des Erstaunens (auf der 5. Sprechstufe). Gebildet aus –군 (= Kontraktionsform von –구나, 2. Sprechstufe) + Höflichkeitsendung –요. Die Entsprechung auf der (nicht so häufig verwendeten) 3. Sprechstufe ist –구먼 (auch im Selbstgespräch), umgangssprachlich oft –구만 (in NK Standard, in SK als «standardsprachlich falsch» bezeichnet). Nach Handlungsverben wird die Form zu –는군(요). Mit –겠 Ausdruck einer Vermutung oder rhetorische Frage. Beispiele:
   - 오늘 날씨가 좋군요! – Heute ist aber schönes Wetter!
   - 예쁘군요! – Oh, wie hübsch!
   - 박윤미 씨이시군요! 반갑습니다. – Ach, Sie sind Frau Pak Yun-mi. Freut mich.
   - 독일말 참 잘 하시는군요! – Ah, Sie sprechen aber wirklich hervorragend Deutsch!
   - 김 선생님 가셨군요! – Oh, Herr Kim ist schon gegangen!
   - 맛있겠군요! – Oh, das wird bestimmt schmecken!
   - 학교가 참 크구먼! – Die Schule ist aber echt riesig!

2) –네요: Ausdruck des Erstaunens (auf der 5. Sprechstufe, die Entsprechung auf der zweiten Sprechstufe ist –네) über eine neu erfahrene Tatsache / eine neue Erfahrung. Vermittelt oft ein frauliches, weiches Gefühl. Mit –겠 Ausdruck einer Vermutung oder eine rhetorische Frage. Beispiele:
   - 이 커피가 진하네요! – Oh, der Kaffee ist aber stark!
   - 영수씨, 사진을 정말 잘 찍네요! – Yŏng-su, du kannst aber wirklich gut fotografieren!
   - 생일선물을 많이 받으셨네요! – Oh, Sie haben aber viele Geburtstagsgeschenke erhalten!
   - 밤을 새우셔서 피곤하시겠네요! – Sie werden bestimmt müde sein, wo Sie doch die ganze Nacht durch wach waren!

▲ 주 Unterschied –군요 und –네요: Auf den ersten Blick gibt es keinen Unterschied, beide drücken eine gewisse Überraschung angesichts einer momentanen Erkenntnis / eines Ereignisses aus. Aber es gibt Nuancen: Während –군요 eher das reine Überraschtsein als solches ausdrückt, ist –네요

vom Sprecher oft mehr an sich selbst gerichtet. Manchmal impliziert es auch, dass der Sprecher ursprünglich eine andere Erwartung hatte. Beispiel: Jemand hat sich versteckt, ich suche und finde ihn und sage:

- 아, 여기 있군요! – Hier sind Sie also! = Überraschung (nach außen gerichtet) – spontane Reaktion
- 아, 여기 있네요! – Ach, hier sind Sie! = Überraschung (mehr nach innen gerichtet) – Hätte ich nicht gedacht, dass Sie sich ausgerechnet hier versteckt haben.

3) –지요: Bekräftigung der Aussage (auf der 5. Sprechstufe, ohne –요 auf einer niederen Sprechstufe). Kontraktionsform –죠. In Fragesätzen: Erwartung der Zustimmung des Hörers – «nicht wahr?»

- 금강산은 참 아름다운 산이지요. – Das Kŭmgang-san ist (doch) wirklich ein schönes Gebirge!
- 좋지요. 그렇게 하지요. – Gut, dann machen wir es doch so!
- 시간이 없었지요? – Sie hatten keine Zeit, stimmt's?
- 문제 없겠지요? – Das wird doch keine Probleme geben, oder?

⚠ 주 Die Satz-Intonation wirkt bedeutungsdifferenzierend:

- 같이 가지요. ↘ (Aussagesatz) – Wir gehen (natürlich) zusammen.
- 같이 가지요? ↗ (Fragesatz) – Gehen wir zusammen, ja? / Wir gehen doch zusammen, nicht wahr?
- 같이 가시지요. ↘ (Aufforderungssatz) – Lassen Sie uns doch zusammen gehen!
- 가지요! ↔ (Befehlssatz) – Gehen Sie jetzt! / Jetzt gehen Sie schon!

4) –고말고요: Bestätigung der Frage des Gesprächspartners als wahr oder gegeben – «(aber) natürlich»

- A: 박 교수님을 잘 아세요? – B: 알고말고요. – A: Kennen Sie Professor Pak? – B: Natürlich kenne ich ihn.
- A: 열심히 공부했어요? – B: 공부했고말고요. – A: Haben Sie fleißig gelernt? – B: Natürlich habe ich.

5) –(으)ㄹ게요: Spontaner Entschluss zu einer Handlung, Versprechen, nur in der 1. Person Singular und nur mit HV gebraucht. Ohne –요 auch auf einer niederen Sprechstufe. Beispiele:

- A: 내가 먼저 갈게요. – B: 그래요. 내일 전화할게요. – A: Ich gehe dann schon mal. – B: In Ordnung. Ich rufe morgen an.
- 괜찮아요. 제가 할게요. – Ist schon in Ordnung, ich mache das.

- 난 비빔밥 먹을게. – Ich werde Pibimbap essen. → Ich nehme Pibimbap.

9.3 Zeitformen (시제)

Im Koreanischen unterscheidet man vier Zeitformen: Gegenwart (현재형), Vergangenheit (과거형), Vorvergangenheit (과거완료형) und Zukunft (미래형). Manche betrachten das Dubitativperfekt als eine fünfte Zeitform. Das ist zwar morphologisch gesehen eine Tempusform (nämlich die Kombination aus Vergangenheits- und Zukunftsmorphem -았/었겠-), gehört semantisch aber in die Kategorie der Modi, da es eine auf die Vergangenheit bezogene Ungewissheit/Vermutung, Möglichkeit oder Absicht bezeichnet.
Die Verwendung der Zeitformen entspricht prinzipiell der in anderen Sprachen, z.B. im Deutschen. So kann z.B. die Gegenwartsform auch verwendet werden, um vergangene Ereignisse besonders lebendig darzustellen (historisches Präsens). Allerdings können im Koreanischen auch beide Formen gemischt in einem Text vorkommen, was im Deutschen eher unüblich ist. Anders als z.B. im Deutschen ist auch die Unterscheidung zwischen absoluten und relativen Tempora: Die Tempusform des Satzschlussprädikats ist immer absolut, die der Attributsatzprädikate relativ. Beispiel:

- 민수는 어제 청소하시는 어머니를 도와드렸다. – Min-su half gestern der Mutter, die sauber machte.

Das Satzschlussprädikat 도와드렸다 («half») ist hier in der Vergangenheitsform, das Attributsatzprädikat 청소하시는 («sauber machende») aber in der Gegenwart.

Die Wörterbuchform der Verben lautet immer auf -다, d.h. Verbstamm (Vst) + -다. Vom Verbstamm ausgehend werden dann je nach Sprechstufe und Satzart die Satzschlussendungen gebildet.

9.3.1 Gegenwart (현재형): vgl. Tabelle unter Punkt 9.1.

Es soll hier nur auf die Formenbildungen der 2. und 6. Sprechstufe eingegangen werden, da diese auf einfachen Grundregeln mit lediglich einer Ausnahme basieren. Die 5. Sprechstufe mit weitaus komplexeren Regeln wird unter Punkt 10. («Bildung von Konverbalstämmen») behandelt.

1) 2. Sprechstufe – Grundregel: An Handlungsverben (HV) mit vokalisch auslautenden Stämmen wird im Aussagesatz –ㄴ다, an solche mit konsonantisch auslautenden Stämmen –는다 gefügt. Eigenschafts-, Existenz- und Kopulaverben bleiben in der Wörterbuchform. Die Regeln für alle Satzarten sind in der folgenden Tabelle zusammengefasst, dazu Beispiele mit den Verben 가다 «gehen, fahren», 먹다 «essen», 받다 «bekommen, erhalten», 크다 «groß sein», 좋다 «gut sein», 있다 «vorhanden sein, sich befinden», 학생이다 «Schüler sein».

Aussagesatz	Fragesatz	Ausrufesatz	Befehlssatz	Adhortativsatz
HV-v –ㄴ다 → 간다 HV-k –는다 → 먹는다	HV, EX –(느)냐 → 가(느)냐, 먹(느)냐, 있(느)냐	HV –는구나 → 가는구나, 먹는구나	HV, EX –(으)라 → 가라, 먹으라	HV, EX –자 → 가자, 먹자, 있자
EV, EX, KV –다 → 좋다, 있다, 학생이다	EV-v, KV –냐 → 크냐, 학생이냐 EV-k –(으)냐 → 좋(으)냐	EV, EX, KV –구나 → 크구나, 좋구나, 있구나, 학생이구나	HV, EX –아/어라 (mdl.) → 가라, 먹어라, 있어라	

주 Es gibt nur eine Ausnahme-Regel: Bei HV auf –ㄹ: ㄹ-Ausfall im Aussage-, Frage- und Ausrufesatz. Bei EV auf –ㄹ: ㄹ-Ausfall nur im Fragesatz! Beispiele:

Wörterbuchform	Aussagesatz	Fragesatz	Ausrufesatz	Befehlssatz	Adhortativsatz
알다 (wissen)	안다	아(느)냐	아는구나	알아라	알자
길다 (lang sein)	길다	기냐	길구나	---	---

2) 6. Sprechstufe – Grundregel: Im Aussagesatz wird an alle Verben (ganz gleich welcher Art) mit vokalisch auslautenden Stämmen –ㅂ니다, mit konsonantisch auslautenden Stämmen –습니다 gefügt. Im Fragesatz entsprechend –ㅂ니까 oder –습니까, im Befehlssatz –십시오 oder –으십시오 und im Adhortativsatz –ㅂ시다 oder –읍시다. Hier die Übersicht mit Beispielen:

Aussagesatz	Fragesatz	Ausrufesatz	Befehlssatz	Adhortativsatz
HV-v, EV-v, KV -ㅂ니다 → 갑니다, 큽니다, 학생입니다 HV-k, EV-k, EX -습니다 → 먹습니다, 좋습니다, 있습니다	HV-v, EV-v, KV -ㅂ니까 → 갑니까, 큽니까, 학생입니까 HV-k, EV-k, EX -습니까 →먹습니까, 좋습니까, 있습니까	---	HV-v -십시오 → 가십시오 HV-k -으십시오 → 받으십시오	HV-v -ㅂ시다 → 갑시다 HV-k -읍시다 → 먹읍시다

⚠ 주 Auch hier gibt es nur eine Ausnahmeregel: Bei Verben auf -ㄹ: ㄹ-Ausfall in allen Satzarten. Beispiele:

Wörterbuchform	Aussagesatz	Fragesatz	Ausrufesatz	Befehlssatz	Adhortativsatz
들다 (nehmen)	듭니다	듭니까	---	드십시오	듭시다
멀다 (weit sein)	멉니다	멉니까	---	---	---

9.3.2 Vergangenheit (과거형)

Die Vergangenheitsform bezieht sich immer auf eine abgeschlossene Handlung. Sie wird gebildet, indem an den Konverbalstamm (s. Punkt 10.) ein «ㅆ» gefügt wird. Dadurch erhält man den Vergangenheitsstamm eines Verbs, an den man dann wieder die Wörterbuch-Endung -다 fügen kann. Beispiele:

가다 → 갔다, 먹다 → 먹었다, 받다 → 받았다, 알다 → 알았다
크다 → 컸다, 좋다 → 좋았다, 있다 → 있었다, 학생이다 → 학생이었다

Für die 2. Sprechstufe gilt: Die Satzschlussendung für Aussagesätze der Vergangenheit setzt sich zusammen aus Vergangenheitsstamm + Wörterbuch-Endung -다, im Fragesatz wird -(느)냐 an den Vergangenheitsstamm angefügt, im Ausrufesatz -구나. Hier die Übersicht mit Beispielen:

Vergangenheits-stamm	Aussage-satz	Fragesatz	Ausrufe-satz	Befehls-satz	Adhorta-tivsatz
갔- (ging / bin gegangen)	갔다	갔(느)냐	갔구나	---	---
길었- (war lang)	길었다	길었(느)냐	길었구나	---	---

Für die 5. Sprechstufe gilt: An den Vergangenheitsstamm wird die Endung -어요 gefügt. Hier gibt es keine Ausnahmen, und Aussage- und Fragesatz sind formidentisch. Beispiele:

Vergangenheits-stamm	Aussage-satz	Fragesatz	Ausrufe-satz	Befehls-satz	Adhorta-tivsatz
갔- (ging / bin gegangen)	갔어요	갔어요	갔군요	---	---
길었- (war lang)	길었어요	길었어요	길었군요	---	---

Für die 6. Sprechstufe gilt: An den Vergangenheitsstamm wird, da er konsonantisch auf «ㅆ» auslautet, nach derselben Grundregel wie bei der Gegenwart im Aussagesatz -습니다 und im Fragesatz entsprechend -습니까 gefügt. Beispiele:

Vergangen-heitsstamm	Aussage-satz	Fragesatz	Ausrufe-satz	Befehls-satz	Adhorta-tivsatz
갔- (ging / bin gegangen)	갔습니다	갔습니까	---	---	---
먹었- (habe gegessen)	먹었습니다	먹었습니까	---	---	---

9.3.3 Vorvergangenheit (과거완료형)

Die Vorvergangenheit ähnelt unserem Plusquamperfekt. Sie beschreibt den Abschluss einer Handlung in der Vergangenheit und impliziert, dass die Situation jetzt eine andere ist oder auch ein relativ großer zeitlicher Abstand vom Blickwinkel des Sprechers aus herrscht. Sie wird gebildet, indem an den Vergangenheitsstamm die Endung -었 gefügt wird. Man erhält damit den «Vorvergangenheitsstamm» -았/었었- , mit dem dann die Satzarten in der

2., 5. und 6. Sprechstufe analog der Darstellungen unter Punkt 9.1 gebildet werden. Beispiele:

- 교수님, 전화 왔습니다. – Professor, ein Gespräch (ist) für Sie (gekommen). (Es kann jetzt angenommen werden. = einfache Vergangenheit)
- 교수님, 아까 전화 왔었습니다. – Professor, vorhin kam ein Gespräch für Sie. (Das nun nicht mehr angenommen werden kann, denn es ist vorbei. = Vorvergangenheit)
- 여름 방학에 제주도에 갔었어요. – In den Sommerferien war ich auf Cheju-do. (Jetzt bin ich wieder zurück.)
- 중국학을 전공했었어요. – Ich hatte Sinologie als Hauptfach. (Jetzt habe ich ein anderes.)

9.3.4 Zukunft (미래형)

Das Futur-Morphem im Koreanischen ist –겠. Es kann an jeden Verbstamm gefügt werden und bildet damit einen Futur-Stamm, mit dem wiederum die Satzarten in den verschiedenen Sprechstufen analog zu Punkt 9.1 gebildet werden. Es hat verschiedene, über die reine Bildung der Zukunftsform hinausreichende Funktionen:

1) Ausdruck künftiger Handlungen, Vorhaben, Pläne etc., dabei kann –겠 nur in der 1. Person benutzt werden, weil es immer den persönlichen Willen impliziert.
   - 여기서 기다리겠습니다. – Ich werde hier warten.
   - 내일 다시 오겠어요. – Ich werde morgen wiederkommen.

⚠ 주 In der 3. Person muss für Sätze vergleichbarer Art die Konstruktion Vst –(으)ㄹ 것 + Kopulaverb –이다 verwendet werden.
   - 내년에 미나 씨가 인도에 갈 것입니다. – Nächstes Jahr wird Mi-na nach Indien fahren.

Bei Verwendung von Vst –(으)ㄹ 것이다 in der 1. Person wird – im Unterschied zu –겠– eher ein wahrscheinliches Vorhaben und kein fester Plan benannt, vgl. Punkt 3.1.2. 1).
   - 졸업하고나서 대만에 갈 것입니다. – Nach dem Abschluss werde ich wahrscheinlich nach Taiwan fahren.

Vor allem in der mündlichen Sprache wird die Kontraktionsform –(으)ㄹ 거– verwendet. Mit Vst –(으)ㄹ 것/거 + –이다 können auch – analog zu –겠 – Vorhersagen getroffen oder Vermutungen (auch für die Gegenwart) ausgedrückt werden.

- 피터의 여자친구가 한국인일 거예요. – Peters Freundin ist wahrscheinlich Koreanerin.

2) Höfliche Aufforderungen, Erkundigungen und Bitten (meist mit -시-)
   - 뭘 드시겠습니까? – Was möchten Sie gern (essen oder trinken)?
   - 주소를 좀 알려주시겠어요? – Würden Sie mir bitte Ihre Adresse mitteilen?
3) Offizielle Ankündigungen und Vorhersagen:
   - 잠시 후 기차가 출발하겠습니다. – Der Zug fährt in Kürze ab.
   - 내일은 비가 오겠습니다. – Morgen wird es regnen.
4) Auch in der Umgangssprache können so geschlussfolgerte Vermutungen ausgedrückt werden:
   - 케이크가 맛있겠다! – *Der Kuchen wird schmackhaft sein.* → Der Kuchen sieht aber lecker aus!
   - 야, 좋겠다! – *Mensch, das wird gut sein.* → Du Glückliche/r!
5) In festen Fügungen, zugleich als Verstärkung der honorativen Funktion, wie z. B.:
   - 예, 알겠습니다. – *Ja, ich werde es wissen.* → Ja, ich habe verstanden. / Jawohl, verstanden.
   - 잘 모르겠습니다. – *Ich werde es nicht gut wissen.* → (Tut mir leid,) Ich weiß es nicht genau.
6) Zum Ausdruck des Dubitativperfekt (vgl. Punkt 9.3):
   - 비행기가 벌써 도착했겠어요. – Das Flugzeug wird jetzt schon gelandet sein.
   - 몹시 아팠겠다. – Das hat sicher sehr wehgetan.

10. Bildung von Konverbalstämmen (연결형)

Zur Verknüpfung von Verben und für zahlreiche grammatische Formen muss von jedem Verb ein sogenannter Konverbalstamm (auch Erweiterungsstamm genannt) gebildet werden. Er ist schon deshalb ungemein wichtig, weil er der 1. Sprechstufe entspricht und damit gleichzeitig die Basis für die (wohl wichtigste) 5. Sprechstufe bildet.

Für die Bildung gibt es eine Grundregel und 8 Ausnahmeregeln.

1) Die Grundregel ist einfach:
Verben, die im Stamm ein 아 oder ein 오 haben, werden mit 아 erweitert, alle anderen mit 어, z. B.:
   - 받다 (bekommen, erhalten) – Erweiterung mit 아 → 받아
   - 가다 (gehen, fahren) – Erweiterung mit 아 → 가아 → Verschmelzung zu 가
   - 보다 (sehen) – Erweiterung mit 아 → 보아 → Verschmelzung zu 봐
   - 먹다 (essen) – Erweiterung mit 어 → 먹어
   - 치다 (schlagen u. a.) – Erweiterung mit 어 → 치어 → Verschmelzung zu 쳐

2) Unregelmäßige Verben auf ㅅ: ㅅ-Ausfall + Grundregel
   - 짓다 (bauen, bilden) – ㅅ-Ausfall + Erweiterung mit 어 → 지어
   - 낫다 (besser werden) – ㅅ-Ausfall + Erweiterung mit 아 → 나아

⚠ 주1 Es kommt hier zu keiner Verschmelzung der Vokale wie z. B. bei 치다 (쳐) oder 가다 (가)!

⚠ 주2 Nicht alle Verben auf ㅅ sind unregelmäßig. Ganz regelmäßig (nach der Grundregel) bilden den Konverbalstamm z. B.:
   - 솟다 (emporsteigen) – Erweiterung mit 아 → 솟아
   - 벗다 (ausziehen) – Erweiterung mit 어 → 벗어
   - 웃다 (lachen) – Erweiterung mit 어 → 웃어

3) Unregelmäßige Verben auf ㅂ: ㅂ wird zu 오/우 (je nach Stammvokal) + Grundregel
   - 돕다 (helfen): ㅂ wird zu 오 → 도오 → Erweiterung mit 아 + Verschmelzung → 도와
   - 곱다 (hübsch sein): ㅂ wird zu 오 → 고오 → Erweiterung mit 아 + Verschmelzung → 고와

- 춥다 (kalt sein): ㅂ wird zu 우 → 추우 → Erweiterung mit 어 + Verschmelzung → 추워
- 쉽다 (leicht sein): ㅂ wird zu 우 → 쉬우 → Erweiterung mit 어 + Verschmelzung → 쉬워

⚠ 주1 Bei einigen Verben wird ㅂ zu 우 und damit zu 워, obwohl man dem Stammvokal nach eine Erweiterung zu 와 erwarten würde, z. B.:

- 고맙다 (dankbar sein) → 고마워
- 반갑다 (erfreut sein) → 반가워

Interessanterweise wird im nordkoreanischen Standard-Sprachgebrauch erwartungsgemäß 고맙다 → 고마와 und 반갑다 → 반가와.

⚠ 주2 Nicht alle Verben auf ㅂ sind unregelmäßig. Regelmäßig bilden den Konverbalstamm z. B.:

- 잡다 (fangen) – Erweiterung mit 아 → 잡아
- 입다 (anziehen) – Erweiterung mit 어 → 입어

4) Unregelmäßige Verben auf ㄷ: ㄷ wird zu ㄹ + Grundregel
   - 걷다 (zu Fuß gehen): ㄷ wird zu ㄹ + Erweiterung mit 어 → 걸어
   - 듣다 (hören): ㄷ wird zu ㄹ + Erweiterung mit 어 → 들어
   - 깨닫다 (erkennen): ㄷ wird zu ㄹ + Erweiterung mit 아 → 깨달아

⚠ 주 Nicht alle Verben auf ㄷ sind unregelmäßig. Regelmäßig bilden den Konverbalstamm z. B.:

- 닫다 (schließen) – Erweiterung mit 아 → 닫아
- 믿다 (glauben) – Erweiterung mit 어 → 믿어

5) Unregelmäßige Verben auf 으: Das 으 verschwindet/verschmilzt mit dem Erweiterungsvokal.
   - 크다 (groß sein) → 크어 → 커
   - 바쁘다 (beschäftigt sein) → 바쁘아 → 바빠

⚠ 주 Nicht offene Stämme mit 으 sind regelmäßig:

- 긁다 (kratzen) – Erweiterung mit 어 → 긁어

6) Unregelmäßige Verben auf 르: ㄹ-Dopplung bei gleichzeitigem Verschwinden des 으 + Grundregel
   - 오르다 (aufsteigen) – Erweiterung mit 아 → 오르아 → 올라
   - 부르다 (rufen) – Erweiterung mit 어 → 부르어 → 불러

⚠ 주 Bei einigen Verben kommt es nicht zur ㄹ-Dopplung, sondern nur zur 으-Verschmelzung, s. 5)

- 치르다 (bezahlen) – Erweiterung mit 어 → 치르어 → 치러

- 들르다 (vorbeischauen) – Erweiterung mit 어 → 들르어 → 들러

7) Unregelmäßige Verben auf ㅎ: ㅎ-Ausfall und Erweiterung zu 애 (unabhängig vom Stammvokal)
   - 그렇다 (so sein) → 그래
   - 빨갛다 (rot sein) → 빨개

⚠ 주 Nicht alle Verben auf ㅎ sind unregelmäßig. Regelmäßig bilden den Konverbalstamm z. B.:
   - 놓다 (hinlegen) – Erweiterung mit 아 → 놓아
   - 좋다 (gut sein) – Erweiterung mit 아 → 좋아

8) Sonderfall 하다 (machen, tun): Das häufigste Verb des Koreanischen wird mit 여 erweitert zu 하여 (das vor allem noch in der Schriftsprache verwendet wird), welches schließlich zu dem allgemein gebräuchlichen 해 wird.

9) Sonderfall KV -이다 (sein): Erweiterung nach Grundregel mit 어, aber in der 5. Sprechstufe wird daraus nach konsonantisch auslautenden N -이에요, und bei vokalisch auslautenden N kommt es zur Verschmelzung zu -예요.
   - 곰이에요. – Das ist ein Bär.
   - 사자예요. – Das ist ein Löwe.

⚠ 주 Bei der Verwendung von -이다 mit Konjunktionalendungen (s. 14.2, 14.3, 14.5) bleibt die ursprüngliche Konverbalform -이어, z. B. N + 이어(서) in kausaler/temporaler/sequenzieller Funktion.

11. Honoratives Morphem -(으)시- (subjektbezogene Höflichkeit)

Durch Anfügen von -(으)시- an den Verbstamm kann – unabhängig vom Sprechpartner (!) – der Handlungsträger höflich gemacht werden. Die Grundregel lautet: an vokalisch auslautende Stämme wird -시-, an konsonantische -(으)시- gefügt. So wird ein neuer Verbstamm (Honorativstamm) gebildet, an den ganz regelmäßig die Satzschlussendung in der entsprechenden Sprechstufe, je nach Sprechpartner, gehängt wird (s. Punkt 9.1). Beispiel:

가다 (gehen, fahren) → 가시다

- 거기 김 선생님이 가신다. – Dort geht Herr/Frau Kim. (2. Sprechstufe)
- 거기 김 선생님이 가십니다. – Dort geht Herr/Frau Kim. (6. Sprechstufe)

웃다 (lachen) → 웃으시다

- 아버님이 웃으신다. – Der Vater lacht. (2. Sprechstufe)
- 아버님이 웃으십니다. – Der Vater lacht. (6. Sprechstufe)

Die 5. Sprechstufe ist etwas kompliziert, da hier vom Honorativstamm zunächst die Konverbalform gebildet werden muss. Die auf -시 endenden Verbstämme werden (ganz nach Grundregel) mit 어 zu -시어 erweitert, das zu -셔 und weiter zu -세 verschmilzt. Durch Anfügen von -요 (für die 5. Sprechstufe) wird daraus -세요. Für diese Formenbildung gibt es eine Grundregel und 5 Ausnahmeregeln.

1) Die Grundregel ist einfach: An vokalische Stämme wird -세요, an konsonantische -으세요 gefügt.
   - 거기 김 선생님이 가세요. – Dort geht Herr/Frau Kim.
   - 아버님이 웃으세요. – Der Vater lacht.

2) Alle Verben auf ㄹ: ㄹ-Ausfall + -세요
   - 알다 (wissen, kennen) → 아세요
   - 열다 (öffnen) → 여세요

3) Unregelmäßige Verben auf ㅂ: ㅂ wird zu 우 + -세요
   - 돕다 (helfen) → 도우세요
   - 춥다 (kalt sein) → 추우세요

⚠ 주 Nicht alle Verben auf ㅂ sind unregelmäßig. Regelmäßig bilden die -(으)세요-Form z.B.:

- 잡다 (fangen) → 잡으세요
- 입다 (anziehen) → 입으세요

4) Unregelmäßige Verben auf ㅅ: ㅅ-Ausfall + -으세요

- 짓다 (bauen, bilden) → 지으세요
- 낫다 (besser werden) → 나으세요

⚠ 주 Nicht alle Verben auf ㅅ sind unregelmäßig. Regelmäßig bilden die -(으)세요-Form z.B.:

- 벗다 (ausziehen) → 벗으세요
- 씻다 (waschen) → 씻으세요

5) Unregelmäßige Verben auf ㄷ: ㄷ wird zu ㄹ + -으세요

- 걷다 (zu Fuß gehen) → 걸으세요
- 듣다 (hören) → 들으세요

⚠ 주 Nicht alle Verben auf ㄷ sind unregelmäßig. Regelmäßig bilden die -(으)세요-Form z.B.:

- 닫다 (schließen) → 닫으세요
- 믿다 (glauben) → 믿으세요

6) Unregelmäßige Verben auf ㅎ: ㅎ-Ausfall + -세요

- 그렇다 (so sein) → 그러세요

⚠ 주 Nicht alle Verben auf ㅎ sind unregelmäßig. Regelmäßig bilden die -(으)세요-Form z.B.:

- 놓다 (hinlegen) → 놓으세요
- 좋다 (gut sein) → 좋으세요

Die o.g. 6 Regeln gelten prinzipiell für die Bildung aller Honorativstämme auf -(으)시-, die dann als Basis für weitere grammatische Formenbildungen dienen. Zur Illustration hier einige Beispiele für die Bildung von Satzschlussendungen von 아시다 (Honorativform von 알다 – «wissen, kennen») auf verschiedenen Sprechstufen:

- 우리 아빠는 교수님이라서 모든 걸 다 아셔. – Mein Vater ist Professor, er weiß alles. (1. Sprechstufe)
- 교장 선생님은 모든 학생들을 이름까지 아신다. – Der Schuldirektor kennt alle Schüler mit Namen. (2. Sprechstufe)
- 그 나라 수도를 아십니까? – Kennen Sie die Hauptstadt dieses Landes? (6. Sprechstufe)

⚠ 주 Zusammenfassender Vergleich -아요/어요 und -(으)세요:

1) Beide sind Satzschlussendungen auf der 5. Sprechstufe, aber mit -(으)세요 macht man den Handlungsträger höflich. Diese Form kommt daher meist in Frage- und Befehlssätzen vor, aber auch in Aussagesätzen, wenn es den Handlungsträger grundsätzlich höflich zu machen gilt. Bei Aussagen in der 1. Person (also über die eigene Person) darf man sie niemals verwenden, da man sich selbst nicht erhöht!
2) Bei Verben auf ㄷ, ㅂ, ㅅ und ㅎ gelten ähnliche Ausnahmeregeln.
3) Verben auf ㄹ bilden die -아요/어요-Form regelmäßig, aber bei -(으)세요 fällt das ㄹ aus.
4) Bei Verben auf 으/르 ist die -(으)세요-Form regelmäßig, während es bei -아요/어요 zur ㄹ-Dopplung kommt.
5) 하다 und -이다, die in der 5. Sprechstufe Sonderfälle darstellen, bilden die -세요-Form ganz regelmäßig: 하세요, -이세요.

⚠ 주 Unterschied 있으세요 – 계세요

Beide Formen werden honorifizierend gebraucht, jedoch bezieht sich 있으세요 nur auf das Vorhandensein von Gegenständen bei einer Person, die man höflich macht, 계세요 dagegen auf das Vorhandensein (die Anwesenheit) dieser Person selbst.

- 홍 교수님, 그 책이 있으세요? – Professor Hong, haben Sie dieses Buch?
- 홍 교수님이 계세요? – Ist Professor Hong da?

12. Verneinung (부정)

Im Koreanischen werden grundsätzlich zwei Arten der Verneinung unterschieden: Ein «Nicht-Wollen» und ein «Nicht-Können». Für das «Nicht-Wollen» nimmt man das Hilfsverb –지 않다, für das «Nicht-Können» –지 못하다. Von beiden gibt es sogenannte Langformen (LF) und davon abgeleitete Kurzformen (KF). Die LF werden meist in förmlicher Sprache und in der Schriftsprache, die KF eher in der mündlichen Sprache verwendet. Hier zunächst eine Übersicht:

Verbart	Satzart	Langform	Kurzform
Handlungsverben	Aussage- und Fragesatz	–지 않다 (von –지 아니하다) –지 못하다	안 못
	Befehls- und Aufforderungssatz	–지 말다	–
Eigenschaftsverben	Aussage- und Fragesatz	–지 않다	안
Kopulaverb	Aussage- und Fragesatz	N –이/가 아니다	아니다
있다 (da sein)	Aussage und Fragesatz	N –이/가 없다 (nicht da sein)	없다
알다 (wissen, kennen)	Aussage- und Fragesatz	모르다 (nicht wissen/kennen)	–

12.1 Verneinung bei Handlungsverben

a) Aussage- und Fragesätze

Beispiel: Der bejahte Satz lautet 철수는 학교에 갔어요. (Ch'ŏl-su ist in die Schule gegangen.) Verneint man diesen Satz, so kann dies ergeben:

- 철수는 학교에 가지 않았어요. – Ch'ŏl-su ist nicht in die Schule gegangen. (= Er wollte nicht, weil er z.B. keine Lust hatte.)
- 철수는 학교에 안 갔어요. – Ch'ŏl-su ist nicht in die Schule gegangen. (= Kurzform, kann auch eine neutrale Verneinung bedeuten)
- 철수는 학교에 가지 못했어요. – Ch'ŏl-su ist nicht in die Schule gegangen. (= Er konnte nicht, weil er z.B. krank war.)

- 철수는 학교에 못 갔어요. – Ch'ŏl-su ist nicht in die Schule gegangen. (= Kurzform davon)

▲ 주1 Die Verneinung mit der Kurzform 안 kann je nach Kontext und/oder Semantik des Verbs bzw. bei allgemeingültigen Aussagen auch eine neutrale Verneinung darstellen, die also nicht zwingend etwas mit einem fehlenden Willen zu tun haben muss.

- 그런 건 여기서 안 팔아요. – So etwas verkauft man hier nicht / wird hier nicht verkauft.

▲ 주2 Bei Verben, die aus (meist sino-koreanischem) N + 하다 zusammengesetzt sind, kommt 안 bzw. 못 zwischen N + 하다:

- 기차가 아직 출발 안 했어요. – Der Zug ist noch nicht abgefahren.
- 어제 공부 많이 못 했어요. – Gestern habe ich nicht viel gelernt.

▲ 주3 Temporalendungen werden an -지 않- gefügt:

- 그런 차를 사지 않겠어요. – Ein solches Auto werde/will ich mir nicht kaufen.
- 철수는 부산에 가지 않았어요. – Ch'ŏl-su ist nicht nach Pusan gefahren.

▲ 주4 In rhetorischen Fragen kann die Vergangenheitsendung je nach Bedeutung sowohl an den Vst als auch an -지 않- gefügt werden:

- 철수는 부산에 갔지 않아? – Ch'ŏl-su ist doch nach Pusan gefahren, oder (etwa nicht)?
- 철수는 부산에 가지 않았지? – Ch'ŏl-su ist doch nicht nach Pusan gefahren, oder (etwa doch)?

b) Befehlssätze, Beispiel:

	Bejahter Befehlssatz	Verneinter Befehlssatz mit -지 말다
Niedere Sprechstufe	집에 가. – Geh nach Hause! 집에 가라. – Geh nach Hause!	집에 가지 마. – Geh nicht nach Hause! 집에 가지 말아라. – Geh nicht nach Hause!
5. Sprechstufe	집에 가요. – Geh nach Hause! 집에 가세요. – Gehen Sie nach Hause!	집에 가지 말아요. – Geh nicht nach Hause! 집에 가지 마세요. – Gehen Sie nicht nach Hause!
6. Sprechstufe	집에 가십시오. – Gehen Sie nach Hause!	집에 가지 마십시오. – Gehen Sie nicht nach Hause!

▲ 주 In der Umgangssprache kann auf den niederen Sprechstufen bei bestimmten N + 하다-Verben das 하다 wegfallen:

- 걱정 마. – Mach dir keine Sorgen!

c) Aufforderungssatz, Beispiel:

Niedere Sprechstufe	집에 가자. – Lasst uns nach Hause gehen.	집에 가지 말자. – Lasst uns nicht nach Hause gehen.
6. Sprechstufe	집에 갑시다. – Lassen Sie uns nach Hause gehen!	집에 가지 맙시다. – Lassen Sie uns nicht nach Hause gehen!

12.2 Verneinung bei Eigenschaftsverben

Die Verneinung erfolgt in der Regel mit -지 않다 (LF) bzw. 안 (KF). Beispiel:

- 그 도시가 크지 않아요. – Diese Stadt ist nicht groß.
- 그 도시가 안 커요. – Diese Stadt ist nicht groß.

▲ 주1 Je nach Kontext bzw. Semantik des EV kann die Verneinung auch mit -지 못하다 (LF) oder 못 (KF) erfolgen. Beispiel:

- 그건 좋지 못해요. – Das ist nicht gut / kann nicht gut sein.

▲ 주2 Bei einigen Verben (vor allem EV und Ableitungen von Onomatopoetika) ist die KF nicht möglich. In der Regel sind dies Verben mit drei oder mehr Silben im Stamm. Z.B.:

- 그 꽃이 아름답다. – Diese Blume ist schön. → 그 꽃이 아름답지 않다. (nur LF)

▲ 주3 Bei der 2. Sprechstufe muss die unterschiedliche Bildung je nach Verbart beachtet werden: Bei HV lautet die Endung -지 않는다, bei EV -지 않다.

- 그는 청소하지 않는다. – Er macht nicht sauber.
- 방은 깨끗하지 않다. – Das Zimmer ist nicht sauber.

12.3 Sonderfälle

a) Das verneinte Kopulaverb lautet 아니다. Die Prädikatsergänzung wird mit dem Subjekt-Marker gekennzeichnet. In der Umgangssprache wird dieser meist weggelassen.

⚠ 주 Die Form in der 5. Sprechstufe lautet 아니에요 (nicht sein). Die Kurzform 아니요 entspricht «nein». 아니야 ist die verneinte Form des Kopulaverbs auf der 1. Sprechstufe, 아니 das schlichte «nein» auf derselben Sprechstufe.

- 그 사람은 회사원이 아니에요. – Er ist kein Firmenangestellter.
- 그건 사랑 아니야. – Das ist keine Liebe.

b) Die verneinte Entsprechung des Existenzverbs 있다 ist 없다.

- 뱀은 있어요. 개구리는 없어요. – Schlangen gibt es. Frösche gibt es nicht.

⚠ 주 Je nach Kontext ist aber auch eine Verneinung von 있다 möglich. Beispiel:

- 관심이 있지 않아요. – Mein Interesse hält sich in Grenzen.

c) Die verneinte Entsprechung des Verbs 알다 (wissen/kennen) ist 모르다 (nicht wissen/kennen).

- 그 사진을 모릅니다. – Dieses Foto kenne ich nicht.

⚠ 주 Unter spezifischen Umständen kann auch eine Verneinung mit -지 못하다 auftreten. Beispiel:

- 그런 것에 대해서 잘 알지 못해요. – In diesen Dingen kenne ich mich nicht besonders gut aus.

12.4 Verneinte Bestätigungsfragen

Auf verneinte Bestätigungsfragen wird im Koreanischen anders als im Deutschen reagiert. Beispiel:

- 이 김치가 맵지 않아요? – Ist der Kimchi nicht scharf?

1. (bei Bestätigung) 예, 맵지 않아요. – *(= Ja, er ist nicht scharf.)* → Nein, er ist nicht scharf.
2. (bei Nicht-Bestätigung) 아니요, 매워요. – *(= Nein, er ist scharf.)* → Doch, er ist scharf.

13. Passiv und Kausativ (피동, 사동)

Passiv (= «Leidensform») und Kausativ (= «jn. dazu veranlassen, etwas zu tun») sind zwar verschiedene Dinge, werden aber in der koreanischen Grammatik gern zusammen betrachtet. Das liegt vor allem daran, dass viele von der Grundform abgeleitete Passiv-Verben (피동사, auch «Passiv-Kurzform» genannt) und Kausativ-Verben (사동사, auch «Kausativ-Kurzform» genannt) formengleich sind.

Es folgt zunächst eine Übersicht der wichtigsten Verben, die eigene Passiv- und Kausativformen bilden. Die Tabelle gibt auch Hinweise zur Rektion der Verben. Dabei stehen die KM für die regierten Satzglieder, also z.B. der KM 이 für ein Subjekt, 를 für ein direktes Objekt usw. Ein KM in Klammern bedeutet, dass diese Angabe fakultativ ist, aber sehr häufig bei diesem Verb auftritt. «X» bedeutet, dass hier keine Form existiert.

동사		피동사		사동사	
이 를 감다	(Augen) schließen	이 감기다	zugemacht werden	이 를 감기다	zudrücken
이 를 (에) 걸다	aufhängen	이 에 걸리다	aufgehängt werden	X	
이 (를) 굶다	hungern	X		이 를 굶기다	hungern lassen
이 (에서) 깨다	aufwachen	X		이 를 깨우다	aufwecken
이 를 (에) 꽂다	(hinein-) stecken	이 에 꽂히다	(hinein-) gesteckt werden	X	
이 를 끊다	(ab-) trennen	이 끊기다	(ab-)getrennt werden	X	
이 끓다	kochen (itr)	X		이 를 끓이다	kochen (tr)
이 (로) 날다	fliegen	X		이 를 날리다	fliegen/wehen lassen
이 남다	(übrig) bleiben	X		이 를 (에) 남기다	übrig lassen, hinterlassen
이 (에) 녹다	schmelzen, sich auflösen	X		이 를 (로/에) 녹이다	schmelzen, auflösen
이 를 (에) 놓다	setzen, legen	이 (에) 놓이다	gelegt/gesetzt werden	X	

동사		피동사		사동사	
이 에 눕다	sich hinlegen	X		이 를 에 눕히다	niederlegen
이 를 닫다	schließen	이 닫히다	geschlossen werden	X	
이 를 에 담다	füllen, hineintun	이 에 담기다	gefüllt werden	X	
이 에 를 덮다	ab-/zudecken	이 (에/로) 덮이다	ab-/zu-gedeckt werden	X	
이 돌다	sich drehen	X		이 를 돌리다	drehen lassen
이 를 듣다	hören	이 들리다	gehört wer-den	이 에게 를 들리다	hören lassen
이 를 맡다	übernehmen	X		이 에게 를 맡기다	überlassen, betrauen
이 를 먹다	essen	이 (에게) 먹히다	gegessen werden	이 에게/를 를 먹이다	füttern
이 에 를 묻다	vergraben	이 에 묻히다	vergraben werden	X	
이 를 (에) 물다	beißen	이 에게 (를) 물리다	gebissen werden	X	
이 를 믿다	glauben	이 믿기다	geglaubt werden	X	
이 를 밀다	schieben	이 밀리다	geschoben werden	X	
이 를 (로) 바꾸다	tauschen, wechseln	이 (로) 바뀌다	getauscht werden, sich verändern	X	
이 를 밟다	treten (auf)	이 (에) (를) 밟히다	getreten werden	X	
이 를 벗다	ausziehen	X		이 를 벗기다	ausziehen lassen
이 를 보다	sehen	이 (에) 보이다	gesehen werden	이 에게 를 보이다	zeigen
이 에 붙다	anhaften	X		이 를 에 붙이다	anheften, ankleben
이 비다	sich leeren	X		이 를 비우다	(etw.) leeren
이 를 뽑다	herausziehen	이 뽑히다	herausgezo-gen werden	X	
이 살다	leben	X		이 를 살리다	retten

동사		피동사		사동사	
이 (에) 서다	sich hinstel-len	X		이 를 세우다	aufstellen
이 (에) 를 섞다	mischen	이 와/에 섞이다	gemischt werden	X	
이 에 속다	hereinfallen (auf)	X		이 를 속이다	hereinlegen
이 에 숨다	sich verber-gen	X		이 (에) 를 숨기다	(etw.) ver-stecken
이 를 신다	anziehen (Schuhe)	X		이 에게 를 신기다	anziehen lassen
이 (로) 를 싸다	einpacken	이 에/로 싸이다	eingepackt werden	X	
이 를 쌓다	anhäufen, stapeln	이 (에) 쌓이다	angehäuft werden	X	
이 를 쓰다	schreiben, benutzen	이 쓰이다	geschrieben/ benutzt werden	X	
이 를 씹다	kauen	이 씹히다	gekaut wer-den	X	
이 를 (에) 씻다	waschen	이 (에) 씻기다	gewaschen werden	이 를 씻기다	waschen lassen
이 를 안다	in den Arm nehmen	이 에게 안기다	in den Arm genommen werden	X	
이 (에) 앉다	sich setzen	X		이 를 에 앉히다	setzen las-sen, platzie-ren
이 를 알다	wissen, ken-nen	X		이 에게 를 알리다	wissen las-sen, mittei-len
이 를 업다	auf den Rü-cken nehmen	이 (에게) 업히다	auf den Rü-cken genom-men werden	이 를 (에게) 업히다	auf den Rü-cken setzen
이 를 열다	öffnen	이 열리다	geöffnet werden	X	
이 에 오르다	(auf-)steigen	X		이 를 (에) 올리다	erhöhen, heben
이 울다	weinen	X		이 를 울리다	zum Weinen bringen
이 웃다	lachen	X		이 를 웃기다	zum Lachen bringen
이 를 읽다	lesen	이 에게 읽히다	gelesen werden	이 에게 를 읽히다	lesen lassen

동사		피동사		사동사	
이 를 입다	anziehen	X		이 에 를 입히다	anziehen lassen
이 (를) 자다	schlafen	X		이 를 재우다	zum Schlafen bringen
이 를 잡다	fangen	이 (에게) 잡히다	gefangen werden	X	
이 죽다	sterben	X		이 를 죽이다	töten
이 를 (로) 집다	aufsammeln	이 (에) 집히다	aufgesammelt werden	X	
이 를 쫓다	vertreiben	이 (에게) 쫓기다	vertrieben werden	X	
이 (로) 차다	sich füllen	X		이 에 를 채우다	(etw.) füllen
이 크다	wachsen	X		이 를 키우다	aufziehen
이 를 타다	einsteigen	X		이 를 에 태우다	einsteigen lassen
이 에게 를 팔다	verkaufen	이 (에게) 팔리다	verkauft werden	X	
이 를 풀다	lösen	이 풀리다	gelöst werden	X	

13.1 Passiv Langform

Wenn keine KF existiert, gibt es verschiedene Möglichkeiten, ein Passivverb zu bilden:

a) Das wichtigste Mittel ist das Hilfsverb -아/어지다. Beispiele:

동사		피동사	
깨다	zerbrechen	깨지다	zerbrochen werden
끄다	ausmachen, ausschalten	꺼지다	ausgeschaltet werden
만들다	machen, herstellen	만들어지다	gemacht/hergestellt werden
켜다	anschalten	켜지다	angeschaltet werden

b) Dem Passiv entsprechende Konstruktionen können auch mithilfe von Verben gebildet werden, die eine inhärente passivische Bedeutung haben: 당하다 (zustoßen, erleiden), 받다 (bekommen, erhalten) und 입다 (anziehen, sich etw. zuziehen).

- 나는 사기 당했다. – *Ich erlitt einen Betrug.* → Ich wurde hereingelegt.

c) Auch Verben aus N + 되다 (werden zu) haben meist ein passivisches Äquivalent, sind aber eigentlich keine Passiv-Verben, sondern intransitive Verben.
   - 문제가 해결되었다. – Das Problem wurde gelöst.

13.2 Bildung von Passivsätzen

Es gilt das Grundprinzip: Das Objekt des Aktiv-Satzes wird zum Subjekt des Passivsatzes. Der Handlungsträger / das Agens (falls es überhaupt auftaucht, denn im Passivsatz steht es nicht im Fokus) wird mit –에게/한테 (bei belebten N) oder –에 (bei unbelebten N) gekennzeichnet. Beispiel:

- 경찰이 도둑을 잡았다. – Der Polizist fing den Dieb.

→ 도둑이 경찰한테 잡혔다. – Der Dieb wurde von dem Polizisten gefangen.

- 바람이 문을 닫았다. – Der Wind schlug die Tür zu.

→ 문이 바람에 닫혔다. – Die Tür wurde vom Wind zugeschlagen.

Das Agens kann auch mit –에 의해(서) gekennzeichnet werden:

- 한글은 세종대왕에 의해서 만들어졌다. – Hangŭl wurde von König Sejong dem Großen entwickelt.

A 주 Manchmal ist die Verwendung von –에 의해(서) notwendig, um die Eindeutigkeit der Aussage zu gewährleisten. Beispiel:

- 민수가 학생들한테 책을 팔았다. – Min-su verkaufte den Studenten Bücher.

→ 책들이 민수에 의해서 학생들한테 팔렸다. – Die Bücher wurden den Studenten von Min-su verkauft.

13.3 Bildung von Kausativsätzen

Während im Passivsatz das Objekt verschwindet, wird es im Kausativsatz erzeugt. Das Grundmuster ist: «A lässt B etwas tun» oder «A sorgt dafür, dass B etwas tut». Beispiel:

- 동생이 문 뒤에 숨었다. – Das kleine Geschwisterchen versteckte sich hinter der Tür.

→ 내가 동생을 문 뒤에 숨겼다. – Ich versteckte mein kleines Geschwisterchen hinter der Tür.

- 철수가 그 일을 맡았다. – Ch'ŏl-su übernahm diese Aufgabe.

→ 선생님이 철수한테 그 일을 맡기셨다. – Der Lehrer betraute Ch'ŏl-su mit dieser Aufgabe.

13.4 Kausativ Langform

Wenn keine KF existiert, gibt es verschiedene Möglichkeiten, einen Kausativsatz zu erzeugen.

a) Vst + -게 하다
   - 그는 그 사람에게 그 일을 하게 했다. – Er ließ ihn diese Arbeit machen.

⚠ 주 Die Konstruktion Vst + -게 하다 kann bei jedem Verb angewendet werden, auch bei denen, die eine KF haben. Die Bedeutung kann dabei unterschiedlich sein:
   - 어머니가 아이에게 새 옷을 입혔다. –
     1. Die Mutter zog dem Kind die neuen Sachen an.
     2. Die Mutter sorgte dafür, dass das Kind sich die neuen Sachen anzog.
   - 어머니가 아이에게 새 옷을 입게 했다. – = nur Bedeutung 2.!

b) Mithilfe des wie ein Hilfsverb fungierenden Verbs 시키다 (als Vollverb «machen/bringen lassen, bestellen»), das an die Stelle von 하다 («machen, tun») tritt, können ebenfalls Kausativsätze gebildet werden.
   - 나는 아들을 학원에 등록시켰다. – *Ich sorgte dafür, dass mein Sohn sich in einer Privatschule einschrieb.* → Ich meldete meinen Sohn in einer Privatschule an.

14. Konjunktionalendungen (연결어미) unter funktional-semantischem Aspekt

Konjunktionalendungen dienen – wie unter Punkt 2.3 bereits erwähnt – dazu, Prädikate miteinander zu verbinden und so einfache Sätze zu komplexen zu erweitern. Hier sind die wichtigsten dieser Endungen nach funktional-semantischen Kriterien geordnet:

14.1 Koordinative Konjunktionalendungen

1) Vst -고

Die häufigste und wichtigste koordinative KE hat vor allem drei Funktionen:

a) Einfache Aufzählung: «und»

- 새가 울고 꽃이 핍니다. – Die Vögel singen, und die Blumen blühen.
- 나는 피아노를 치고 동생은 노래를 불렀어요. – Ich spielte Klavier, und meine kleine Schwester sang ein Lied (dazu).

Wie im letzten Beispiel gut zu sehen, drückt -고 hier die Gleichzeitigkeit zweier Handlungen bzw. Sachverhalte aus, was teilweise mit einer schwachen Gegensätzlichkeit gepaart sein kann. Die Vergangenheitsendung kann vor -고 treten, genügt aber meist im Satzschlussprädikat.

b) Vorzeitigkeit einer Handlung: «und dann»

- 저녁에는 책을 읽고 자요. – Abends lese ich ein Buch und schlafe dann.
- 아침밥을 일찍 먹고 학교에 갔습니다. – Ich frühstückte zeitig und ging dann in die Schule.

c) Abschluss einer Handlung und Anhalten dieses Zustands: Bildung einer Modalbestimmung (nur mit HV). Entsprechungen im Deutschen sehr verschieden, oft mit einer präpositionalen Wortgruppe wiedergegeben.

- 지하철을 타고 가요. – *Ich besteige die U-Bahn und fahre.* → Ich fahre mit der / nehme die U-Bahn.
- 옷을 입고 잤어요. – *Ich zog die Sachen an und schlief.* → Ich schlief in (meinen) Sachen.
- 서로 껴안고 울었어요. – *Wir umarmten uns und weinten.* → Wir lagen uns weinend in den Armen.
- 신문을 깔고 앉았어요. – *Ich breitete eine Zeitung aus und setzte mich.* → Ich setzte mich auf eine ausgebreitete Zeitung.

2) HV, EXst -는데; EV, KVst -(으)ㄴ데: «Geben einer Hintergrundinformation»
Eine der polyfunktionalsten KE im Koreanischen. Reihung von zwei Handlungen/Sachverhalten in relativ lockerer Verbindung, wobei der erste Teilsatz die Situation, Umstände oder Voraussetzungen für die Handlung im zweiten Teilsatz beschreibt. Die konkrete Funktion ist abhängig vom Kontext; sie kann konzessiv, kontrastiv, kausal, temporal usw. sein. Temporalendungen -았/었 und -겠 können davor verwendet werden.

- 비가 오는데 우산이 있습니까? – Es regnet. Haben Sie einen Schirm dabei?
- 저는 독일 학생인데 박동인 교수님을 뵈러 왔어요. – Ich bin ein Student aus Deutschland und bin gekommen, um Prof. Pak Tong-in zu sprechen.
- 12시가 넘었는데 민수가 아직도 안 왔어요. – Es ist schon 12 Uhr durch, aber Min-su ist immer noch nicht gekommen.

⚠ 주 Achtung bei Verben auf -ㄹ: ㄹ-Ausfall, z.B. 알다 (wissen, kennen) → 아는데 (Vgl. Punkt 14.5 2))

3) Vst -(으)며
Diese KE hat zwei Funktionen, die beide denen von -고 ähneln. Ihr Gebrauch ist jedoch mehr schriftsprachlich. Temporalendungen -았/었 und -겠 können davor verwendet werden.

a) Einfache Aufzählung: «und»
- 장미는 예쁘며 향기도 좋다. – Rosen sind schön und duften gut.
- 가을은 선선하며 여름은 덥다. – Der Herbst ist frisch, (und) der Sommer ist warm.

Bei längeren Satzgefügen können unterschiedliche Ebenen der Verknüpfung durch alternierenden Gebrauch von -고 und -(으)며 deutlich gemacht werden, wobei größere Einschnitte durch -(으)며 markiert werden.
- 봄에 밭에서는 밭을 갈고 씨를 뿌리며 논에서는 써레질을 하고 모를 낸다. – Im Frühjahr wird auf den Äckern gepflügt und die Saat ausgebracht, und auf den Reisfeldern wird geeggt und die Reissetzlinge werden ausgepflanzt. Alternativ: Im Frühjahr wird ... und ..., während auf den Reisfeldern ... und ... .

b) Gleichzeitigkeit von zwei Handlungen: «während» (ähnlich wie -(으)면서)
- 그녀는 춤을 추며 노래를 부르고 있어요. – Sie tanzt und singt dazu.
- 아침 식사를 하며 책을 봤다. – Während ich frühstückte, las ich ein Buch.

⚠ 주1 Das Subjekt muss in beiden Teilsätzen dasselbe sein!

⚠ 주2 Achtung bei unregelmäßigen Verben (vgl. Punkt 14.2 2), 14.4 1) und auch Punkt 10.)!

1. ㅅ-Ausfall, z.B. 짓다 (bauen) → 지으며
2. ㅂ → 우, z.B. 돕다 (helfen) → 도우며
3. ㄷ → ㄹ, z.B. 듣다 (hören) → 들으며

14.2 Temporale Konjunktionalendungen

1) -아/어서: Vorzeitigkeit bei Sequenz zweier Handlungen: «und (dann/danach), nachdem»
   - 철수는 아침 7시에 일어나서 세수를 합니다. – Ch'ŏl-su steht morgens um sieben auf und wäscht sich.
   - 나는 서점에 가서 책을 샀어요. – Ich ging in den Buchladen und kaufte ein Buch.

⚠ 주1 Das Subjekt beider Teilsätze muss dasselbe sein. Vor -아/어서 kann keine Vergangenheitsendung treten; die Zeitmarkierung erfolgt nur im Satzschlussprädikat.

⚠ 주2 Die KE kann auch kausale Funktion haben, s. Punkt 14.3 1). Semantisch bedingt können beide Funktionen auch verschmelzen.
   - 철수는 일을 잘 해서 아버지의 칭찬을 받았다. – Ch'ŏl-su machte seine Arbeit gut und wurde (deshalb/dafür) von seinem Vater gelobt.

2) Vst -(으)면서: Gleichzeitigkeit zweier Handlungen: «während, und dabei»
   - 나는 음악을 들으면서 조깅해요. – Ich jogge und höre dabei Musik.
   - 우리는 아침을 먹으면서 이야기를 했습니다. – Während wir frühstückten, unterhielten wir uns.

⚠ 주1 Das Subjekt beider Teilsätze muss dasselbe sein. Vor -(으)면서 kann keine Vergangenheitsendung treten; die Zeitmarkierung erfolgt nur im Satzschlussprädikat.

⚠ 주2 Achtung bei unregelmäßigen Verben (vgl. Punkt 14.1 3), 14.4 1), 14.6 4) und auch Punkt 10.)!

3) Vst -다가: Unterbrechung einer Handlung und Übergang in eine andere: «und dann/dabei, als», «präpositionale WG – auf/im/bei usw.»
   - 한 시간 동안 울다가 잤어요. – Ich weinte eine Stunde lang und schlief dann ein.
   - 시장에 가다가 우체국에 들렀어요. – *Ich ging zum Markt und schaute (dabei) kurz in die Post rein.* → Auf dem Weg zum Markt schaute ich kurz bei der Post vorbei.

⚠ 주1 Das Subjekt beider Teilsätze muss dasselbe sein.

⚠ 주2 Tritt vor -다가 die Vergangenheitsendung (-았/었-), so ändert sich die Bedeutung: Die Handlung des ersten Teilsatzes ist dann abgeschlossen.

- 학교에 가다가 친구를 만났어요. – Ich ging in die Schule und traf (dabei) einen Freund. → Auf dem Weg in die Schule traf ich einen Freund.
- 학교에 갔다가 친구를 만났어요. – Ich ging in die Schule und traf dann dort (zufällig) einen Freund.

Hier zeigt sich auch ein wesentlicher Unterschied zu -아/어서: Wäre ich bewusst in die Schule gegangen, um einen Freund zu treffen, müsste der Satz lauten: 학교에 가서 친구를 만났어요.

⚠ 주3 Das 가 aus -다가 kann wegfallen, zum Beispiel in der Schriftsprache, aber auch in festen Fügungen, die meist reversible Handlungen bezeichnen:

- 갔다 오겠습니다. – *Ich bin dann mal weg und werde wiederkommen.* → Bis nachher! / Auf Wiedersehen!
- 거리에는 사람들이 왔다 갔다 해요. – *Auf der Straße machen die Leute, dass sie gekommen und wieder gegangen sind.* → Auf der Straße ist ein ständiges Kommen und Gehen.

4) -자: unmittelbare Aufeinanderfolge zweier Handlungen: «kaum dass, sobald, (gerade / in dem Moment) als»

- 까마귀 날자 배 떨어진다. – In dem Moment, da die Krähe auffliegt, fällt die Birne herunter. (= im Koreanischen sprichwörtliche Redensart für ein «zufälliges Ereignis»)
- 그 노래를 듣자 옛날 생각이 났지요. – Als ich dieses Lied hörte, musste ich an die alten Zeiten denken.

⚠ 주1 Keine Temporalendungen vor -자.

⚠ 주2 Der Hauptsatz darf kein Befehls- oder Aufforderungssatz sein, auch kein Vorschlag.

5) -자마자: Wird als intensivere Variante von -자 betrachtet: «sofort/gleich/unmittelbar nachdem», «sobald»

- 집에 오자마자 저녁을 먹었습니다. – Gleich nachdem ich zu Hause angekommen war, aß ich zu Abend.
- 눕자마자 잠이 들었어요. – Sobald ich mich hingelegt hatte, schlief ich auch schon ein.

⚠ 주1 Keine Temporalendungen vor -자마자.

⚠ 주2 Ist der Hauptsatz ein Befehls- oder Aufforderungssatz oder auch ein Vorschlag, muss -자마자 (und nicht -자) verwendet werden:

- 부산에 도착하자마자 전화하세요. – Rufen Sie mich an, sobald Sie in Pusan angekommen sind.
- 우리 졸업하자마자 결혼할까요? – Wollen wir heiraten, sobald wir unseren Abschluss gemacht haben? → Wollen wir gleich nach dem Abschluss heiraten?

14.3 Kausale Konjunktionalendungen

1) -아/어서: Angabe eines Grundes, oft genereller Art, mit einer natürlichen Konsequenz, nicht so sehr situationsbezogen (vgl. im Unterschied dazu -(으)니까, siehe 2) unten): «da, weil»

   - 아파서 학교에 못 갔어요. – Da ich krank war, konnte ich nicht in die Schule gehen.
   - 저는 바빠서 회의에 참석하지 못하겠습니다. – Da ich so viel zu tun habe, werde ich nicht an der Sitzung teilnehmen können.

⚠ 주1 Keine Temporalendungen vor -아/어서.

⚠ 주2 Der Hauptsatz darf kein Befehls- oder Aufforderungssatz sein.

⚠ 주3 Die KE wird in festen Fügungen des Dankens und bei Entschuldigungen verwendet, obgleich dies ein scheinbarer Widerspruch zur allgemeinen Verwendung ist (da persönlich und situationsbezogen).

   - 도와 주셔서 감사합니다. – *Da Sie mir geholfen haben, bedanke ich mich.* → Vielen Dank für Ihre Hilfe.
   - 늦어서 죄송합니다. – *Da ich zu spät bin, entschuldige ich mich.* → Bitte entschuldigen Sie meine Verspätung.

2) Vst -(으)니까: Angabe eines Grundes, meist mit persönlicher/subjektiver Färbung bzw. situationsbezogen: «da, weil; ... also/denn»

   - 오늘 날씨가 좋으니까 등산을 갑시다. – Da heute schönes Wetter ist, lassen Sie uns in die Berge wandern gehen. → Lassen Sie uns bei dem schönen Wetter wandern gehen!
   - 돈이 없으니까 걱정이 많아요. – Da ich kein Geld habe, habe ich viele Sorgen.

⚠ 주1 Achtung bei unregelmäßigen Verben (vgl. Punkt 14.6 2) und auch Punkt 10.)!

   1. ㅅ-Ausfall, z. B. 짓다 (bauen) → 지으니까

2. ㄹ-Ausfall, z. B. 알다 (wissen, kennen) → 아니까
3. ㅂ → 우, z. B. 돕다 (helfen) → 도우니까
4. ㄷ → ㄹ, z. B. 듣다 (hören) → 들으니까
5. ㅎ-Ausfall, z. B. 그렇다 (so sein) → 그러니까

⚠ 주2 Temporalendungen können und müssen (falls notwendig) vor -(으)니까 treten, und der Hauptsatz kann auch ein Befehls- oder Aufforderungssatz sein:

- 벌써 좀 늦었으니까 빨리 갑시다. – *Da es schon etwas spät geworden ist, lassen Sie uns schnell gehen.* → Wir sind spät dran, beeilen wir uns!
- 그는 한국에서 오래 살았으니까 한국말을 잘 할 거예요. – Da er lange in Korea gelebt hat, kann er bestimmt gut Koreanisch.

⚠ 주3 Die KE hat zudem noch eine Art «entdeckende» oder bestätigende Funktion im Sinne von «Wie ich/wir so ...», «als (temporal)» (immer in der 1. Person):

- 집에 가니까 친구의 편지가 있었어요. – Als ich nach Hause kam, war da ein Brief von meinem Freund.
- 창문을 여니까 시원한 바람이 들어왔다. – Als ich das Fenster öffnete, kam ein frischer Wind herein.

⚠ 주4 Die KE -(으)니 wird im Allgemeinen als Kurzform von -(으)니까 betrachtet. Sie wird meist mehr in Bezug auf eine konkrete Situation und nicht so sehr als einfache Kausalangabe benutzt.

- 부지런히 일하는 걸 보니 성공할 것 같습니다. – *Wenn ich so sehe, wie fleißig er arbeitet, dann scheint es (mir), dass er Erfolg haben wird.* → So fleißig wie er arbeitet, wird er bestimmt Erfolg haben.

3) HVst -느라고: Stark eingeschränkter Gebrauch: Der erste Teilsatz beschreibt eine Handlung, die durch einen (oft unter einem gewissen Zwang entstandenen) starken Willen / persönlichen Entschluss bedingt ist und aus der sich dann eine negative Konsequenz ergibt / aus der dann ein unerwünschtes Ergebnis folgt: «weil; um ... willen, wegen»

- 공부하느라고 주름살이 많이 생겼어요. – *Da ich studiere, sind viele Falten entstanden.* → Wegen des Studiums / Vom Studieren habe ich viele Falten bekommen.
- 자동차를 고치느라고 이번 달 월급을 다 썼어요. – Wegen der Autoreparatur habe ich diesen Monat mein ganzes Gehalt aufgebraucht.

⚠ 주1 Beide Teilsätze beziehen sich auf denselben Handlungsträger; daher sind die Subjekte in der Regel gleich.

⚠ 주2 Der Hauptsatz kann kein Befehls- oder Aufforderungssatz sein.

⚠ 주3 Oft auch finale Bedeutung, kausal-final verwoben. Beispiel:

- 취업을 하느라고 여기저기 뛰어다닌다. – *Um einen Job zu finden, renne ich hier und da umher.* → Ich bin ständig auf Achse, um einen Job zu finden. (= weil ich einen Job haben will)

⚠ 주4 Achtung bei unregelmäßigen Verben (vgl. Punkt 14.3 2), 14.6 2) und auch Punkt 10.)!

4) -(으)므로: Setzt sich zusammen aus der Nominalisierungsendung (으)ㅁ + Kausal-Marker (으)로. Temporalendungen können davor treten. Wird nur in förmlicher Sprache / der Schriftsprache verwendet: «da, weil»
   - 그는 부산 출신이므로 부산 사투리를 쓴다. – Da er aus Pusan stammt, spricht er Pusaner Dialekt.
   - 교통 신호를 무시하였으므로 벌금을 물었다. – Da ich eine Ampel missachtet habe, musste ich eine Geldstrafe zahlen.

⚠ 주 Der Hauptsatz darf kein Befehls- oder Aufforderungssatz sein.

5) Vst -기 때문에: Eigentlich keine KE, kann aber genauso zur Bildung kausaler NS verwendet werden. Meist in förmlicher Sprache/Schriftsprache; in der Umgangssprache nicht so häufig. Fast keine Gebrauchseinschränkungen, lediglich als Hauptsatz normalerweise kein Befehls- oder Aufforderungssatz. Temporalendungen müssen (falls notwendig) davor treten.
   - 질이 좋기 때문에 좀 비쌉니다. – Da die Qualität gut ist, ist es etwas teuer.
   - 어제 아팠기 때문에 병원에 갔어요. – Da ich gestern Schmerzen hatte, bin ich ins Krankenhaus gegangen.

14.4 Konditionale Konjunktionalendungen

1) Vst -(으)면: Allgemein gebräuchlichste Konditionalendung: «wenn, falls (auch hypothetisch)»
   - 가을이 되면 단풍이 듭니다. – Wenn es Herbst wird, setzt die Laubfärbung ein.
   - 오늘 시간이 없으면 내일 만나요. – Falls Sie heute keine Zeit haben, treffen wir uns morgen.
   - 한국에 가면 한국말을 잘 배우세요. – Wenn Sie nach Korea fahren, lernen Sie gut Koreanisch.

⚠ 주1 Achtung bei unregelmäßigen Verben (vgl. Punkt 14.2 2), 14.6 4) und auch Punkt 10.)!

1. ㅅ-Ausfall, z.B. 짓다 (bauen) → 지으면
2. ㅂ → 우, z.B. 돕다 (helfen) → 도우면
3. ㄷ → ㄹ, z.B. 듣다 (hören) → 들으면
4. ㅎ-Ausfall, z.B. 그렇다 (so sein) → 그러면

⚠ 주2 Kein ㄹ-Ausfall, Verben auf ㄹ ganz regelmäßig, z.B. 알다 (wissen, kennen) → 알면

⚠ 주3 Die Kombination mit der Vergangenheitsendung zu -았/었으면 drückt den Irrealis der Vergangenheit aus: «Wenn ... wäre/hätte, (dann) wäre/hätte ...» (s. auch Punkt 14.4 3))

- 조금만 일찍 갔으면 그녀를 만날 수 있었을 거예요. – Wäre ich nur ein bisschen eher hingegangen, hätte ich sie treffen können.

Mit 좋다 (gut sein) oder 하다 (machen, sagen) im Hauptsatz kann man einen Wunsch ausdrücken:

- 시간이 좀 더 많이 있었으면 좋겠다. – Es wäre schön, wenn ich ein bisschen mehr Zeit hätte.

⚠ 주4 Für die Verstärkung der hypothetischen Funktion wird -면 mit den Endungen der indirekten Rede (vgl. Punkt 16.) kombiniert: HVst -ㄴ/는다면, EV/EXst -다면, KVst -(이)라면

- 민수가 학교에 간다면 나도 가겠다. – Falls Min-su in die Schule geht, gehe ich auch.
- 나도 너처럼 건강하다면 좋을 텐데. – Es wäre schön, wenn ich so gesund wäre wie du.

2) -아/어야: Restriktiver Konditionalis: «nur wenn»

- 날씨가 좋아야 소풍을 가요. – Nur wenn das Wetter schön ist, fahren wir zum Picknick.
- 대만에 가야 그녀를 만날 수 있어요. – Nur wenn du nach Taiwan fährst, kannst du sie treffen.

⚠ 주 Eine emphatischere Variante ist -아/어야만:

- 철원 지역에 가야만 두루미를 볼 수 있다. – Nur wenn man in das Gebiet von Ch'ŏrwŏn fährt, kann man Mandschurenkraniche sehen.

3) -았/었더라면: Irrealis der Vergangenheit: «Wenn ... wäre/hätte, (dann) wäre/hätte ...» (vgl. Punkt 14.4. 1)). Emphatischer, persönlicher als -았/었으면. Im HS folgt meist -았/었을 텐데 oder -았/었을 거, meist in Form von -았/었을 걸.

- 집에서 좀 일찍 떠났더라면 기차를 안 놓쳤을 걸. – Wäre ich etwas früher von Zuhause losgegangen, hätte ich den Zug nicht verpasst.
- 그것을 알았더라면 그 사람한테 이야기했을 텐데. – Wenn ich das gewusst hätte, hätte ich es ihm erzählt.

4) Vst -거든: Ähnlich wie -(으)면, nur dass im HS normalerweise ein Befehl, eine Empfehlung oder ein Versprechen folgt: «wenn, falls»
   - 돈이 모자라거든 나한테 말해. – Wenn dein Geld nicht reicht, dann sag mir Bescheid.
   - 비가 그치거든 걸어 갈게요. – Falls es aufhört zu regnen, gehe ich zu Fuß.

⚠ 주 -거든(요) kann auch als Satzschlussendung auftreten (auch mit Temporalendung) und hat dann kausale (begründende/ erklärende) Funktion: «Wissen Sie / Nun /Es ist so, weil ...; nämlich»
   - A: 왜 퇴근 안 하셨어요? – Warum machen Sie noch nicht Feierabend?
     B: 할 일이 아직 많거든요. – Nun, ich habe noch viel zu tun.
   - 오늘 비가 올 거야. 난 어제 일기예보를 봤거든. – Heute wird es regnen. Ich habe nämlich gestern den Wetterbericht gesehen.

14.5 Konzessive Konjunktionalendungen

1) -아/어도: «auch/selbst wenn, obgleich»
   - 내일 비가 와도 백사장에 가겠습니다. – Selbst wenn es morgen regnet, werde ich an den Strand fahren.
   - 배가 고파도 혼자 다 먹을 수 없어요. – Auch wenn ich hungrig bin, kann ich nicht alles allein essen.

⚠ 주 Mit Verben wie 좋다 (gut sein), 괜찮다 (in Ordnung / okay sein, nichts machen/ausmachen) oder 되다 (werden) im HS kann man eine Erlaubnis bzw. die Frage danach ausdrücken (s. auch Punkt 18.).
   - 이제 집에 가도 좋습니다. – *Selbst wenn Sie jetzt nach Hause gehen, ist es gut.* → Sie können jetzt nach Hause gehen.
   - 시험 성적이 나빠도 괜찮아요? – Ist es OK, (selbst) wenn meine Prüfungsergebnisse schlecht sind?

2) HV, EXst -는데도; EV, KVst -(으)ㄴ데도: «Trotz der Tatsache, dass ...»; «obwohl»
   - 날마다 청소를 하는데도 먼지가 많다. – Obwohl ich jeden Tag sauber mache, ist überall Staub.
   - 알고 있는데도 모르는 체한다. – Obwohl er es weiß, tut er so, als wüsste er es nicht.

⚠ 주1 Temporalendungen -았/었 und -겠 können davor verwendet werden.

⚠ 주2 Mit 불구하고 kann die konzessiv-adversative Bedeutung verstärkt werden (vgl. auch Punkt 8.5):
   - 연락을 다 했는데도 불구하고 사람들이 많이 안 왔어요. – Obwohl ich allen Leuten Bescheid gegeben habe, sind nicht viele gekommen.

⚠ 주3 Achtung bei Verben auf -ㄹ: ㄹ-Ausfall, z. B. 알다 (wissen, kennen) → 아는데도 (vgl. Punkt 14.1 3) und auch Punkt 10.)

3) Vst -더라도: Ähnlich wie -아/어도, aber intensiver/stärker, gegensätzlicher, oft hypothetischer und einhergehend mit dem Adverb 아무리 (wie sehr auch immer): «auch/selbst wenn, obgleich»; «ganz egal/gleich, was/wie ...»
   - 아무리 늦더라도 그는 서두르는 법이 없어. – Auch wenn er noch so spät dran ist, er kennt keine Eile.
   - 그 사람은 어떤 음식을 먹더라도 맛있게 먹는다. – Ganz egal, was er auch isst, er isst es mit Appetit.

⚠ 주 Kann auch nach Vergangenheitsendung -았/었 verwendet werden.

4) -(으)ㄹ지라도: Ähnlich wie -아/어도 und -더라도: «selbst / auch wenn».
   - 비판을 받을지라도 할 말은 해야 해요. – Selbst wenn wir kritisiert werden, was gesagt werden muss, muss gesagt werden.
   - 아무리 바쁠지라도 아버님 생신을 잊어서는 안 돼요. – Auch wenn du noch so beschäftigt bist, den Geburtstag deines Vaters solltest du nicht vergessen.

⚠ 주 Kann auch nach Vergangenheitsendung -았/었 verwendet werden.
   - 그녀가 떠났을지라도 섭섭하게 생각하지 마라. – Auch wenn sie weggegangen ist, sei nicht so traurig.

5) Vst -거늘: Hervorhebung der Argumentation des Sprechers in Anbetracht einer allgemeinen Wahrheit oder offensichtlichen Tatsache. Hauptsächlich umgangssprachlich, tendenziell «veraltend». Ähnlich wie -지만 (vgl. Punkt 14. 6)) «obzwar, aber»

- 남편은 아내를 사랑해야 하거늘 그 부부는 싸우기만 한다. – Ein Ehemann sollte seine Frau lieben, aber dieses Ehepaar streitet sich nur.

⚠ 주1 Kann auch nach Vergangenheitsendung -았/었 verwendet werden.

⚠ 주2 Meist mit Adverbien 하물며 (umso mehr) oder 어찌 (wie sehr) in rhetorischen Fragen:

- 새도 제 집을 찾거늘 하물며 사람이 제 고향을 모른다 하겠는가. – Auch ein Vogel sucht wieder sein Nest auf, warum also sollte ein Mensch seine Heimat vergessen?

14.6 Adversative Konjunktionalendungen

1) Vst -지만: Wichtigste und am universellsten einsetzbare adversative KE. Unterliegt keinen Gebrauchseinschränkungen und geht mit Temporalendungen einher. «zwar ... aber», «obwohl»
   - 민수는 학교에 다니지만 열심히 공부하지 않아요. – Min-su geht zwar in die Schule, aber er lernt nicht fleißig.
   - 일이 힘들지만 재미있어요. – Die Arbeit ist zwar schwer, aber interessant.

2) Vst -(으)나: Dieselbe Funktion wie -지만, aber etwas mehr schriftsprachlich. «zwar ... aber»
   - 값은 좀 비싸나 질은 괜찮아요. – Der Preis ist zwar etwas hoch, aber die Qualität ist in Ordnung.
   - 어제 도서관에 갔으나 책은 빌리지 않았어요. – Gestern bin ich zwar in die Bibliothek gegangen, aber ein Buch habe ich nicht ausgeliehen.

⚠ 주1 Bei Dopplung und mit Verben gegensätzlicher Bedeutung hat -(으)나 distributive Funktion (vgl. auch Punkt 6. 9)): «ungeachtet dessen, ob ... oder»

- 앉으나 서나 허리가 아파요. – Ob ich sitze oder stehe, mir tut der Rücken weh.
- 자나 깨나 당신 생각 뿐입니다. – Ob ich schlafe oder wach bin, ich denke immer nur an dich.

⚠ 주2 Zusammen mit Fragewörtern Gleichgültigkeit gegenüber einer Auswahl: «Egal / Ganz gleich, was/wer/wo ... (auch immer)»

- 뭘 먹으나 살이 안 쪄요. – Ganz gleich, was ich esse, ich nehme nicht zu.

⚠ 주3 Achtung bei unregelmäßigen Verben (vgl. Punkt 14.3 2) und auch Punkt 10.)!

1. ㅅ-Ausfall, z.B. 짓다 (bauen) → 지으나
2. ㄹ-Ausfall, z.B. 알다 (wissen, kennen) → 아나
3. ㅂ → 우, z.B. 돕다 (helfen) → 도우나
4. ㄷ → ㄹ, z.B. 듣다 (hören) → 들으나
5. ㅎ-Ausfall, z.B. 그렇다 (so sein) → 그러나

3) Vst -더니: Die Handlung des ersten Teilsatzes (Subjekt nur 2./3. Person! 1. Person nur in Kombination mit der Vergangenheitsendung, siehe Anmerkung unten) ist die Grundlage für die zweite = an eine Erfahrung (aber nicht im Sinne einer Handlung des Sprechers selbst) aus der Vergangenheit (daher das Retrospektiv-Morphem 더) schließt sich eine neue Erfahrung an, die einen gewissen Gegensatz bildet und situativ wiedergegeben wird (daher 니): «und dann, aber»

- 눈이 오더니 따뜻해졌어요. – Es hat geschneit, und jetzt ist es wärmer geworden.
- 어제는 그분의 기분이 좋더니 오늘은 안 좋아보이는군요. – Gestern hatte er gute Laune, aber heute sieht er nicht so gut aus.

⚠ 주 In Kombination mit der Vergangenheitsendung ergibt sich eine kausal-adversative «entdeckende/feststellende» Funktion, ähnlich -(으)니까, vgl. Punkt 14.3 2). Subjekt im NS ist hier immer 1. Person Singular, der HS hat ein anderes Subjekt.

- 술을 너무 많이 마셨더니 머리가 아파요. – Ich habe zu viel Alkohol getrunken, und jetzt tut mir der Kopf weh.
- 학교에 갔더니 아무도 없었어요. – Ich ging in die Schule, und niemand war da.

4) Vst -(으)면서도: «(zwar) ... aber (dennoch)», «obgleich»

- 서로 좋아하면서도 결혼은 안 합니다. – Sie mögen sich zwar, aber heiraten wollen sie nicht.
- 철수는 돈이 많으면서도 잘 쓰지 않아요. – Ch'ŏl-su hat zwar viel Geld, aber er gibt kaum etwas aus.

⚠ 주 Achtung bei unregelmäßigen Verben (vgl. Punkt 14.2 2), 14.4 1) und auch Punkt 10.)!

5) Vst -되: Verwendung wie -지만, aber fast nur in förmlicher Schriftsprache gebraucht. Der NS bringt eine Art Einsteiger-Fakt und der HS eine detailliertere Ausführung/Einschätzung dazu: «zwar ... aber», «obwohl, wenngleich»

- 제 발표는 한국말로 하되 영어로 된 요약문을 준비하겠습니다. – Meinen Vortrag halte ich auf Koreanisch, aber ich werde eine Zusammenfassung auf Englisch vorbereiten.
- 음식은 자주 먹되 적게 먹는 것이 좋아요. – Essen soll man oft, aber nur geringe Mengen.

⚠ 주 Auch an konsonantisch auslautende Vst wird nur -되 gefügt (s. letzter Beispielsatz). Anders nach EX-Vst und Temporalendungen, hier folgt -으되:

- 그 선수는 재능은 있으되 재능을 살리지 못해요. – Dieser Sportler hat Talent, aber er kann es nicht zur Geltung bringen.
- 그의 인생은 짧았으되 그 영향력은 실로 컸다. – Sein Leben war zwar kurz, aber sein Einfluss in der Tat groß.

14.7 Finale Konjunktionalendungen

1) Vst -(으)려고 (+ allg. V): Absicht/Ziel einer Handlung: «um zu, mit der Absicht zu»

- 시원한 공기를 마시려고 창문을 열었어요. – Ich öffnete das Fenster, um frische Luft zu schnappen.
- 택시를 잡으려고 30분 기다렸어요. – Ich wartete eine halbe Stunde, um ein Taxi zu bekommen.

⚠ 주1 Der HS kann kein Befehls- oder Aufforderungssatz sein!

⚠ 주2 Achtung bei unregelmäßigen Verben (vgl. Punkt 14.1 3), 14.7 2) und auch Punkt 10.)!

1. ㅅ-Ausfall, z.B. 짓다 (bauen) → 지으려고
2. ㅂ → 우, z.B. 돕다 (helfen) → 도우려고
3. ㄷ → ㄹ, z.B. 듣다 (hören) → 들으려고

2) Vst -(으)러 (+ Bewegungsverb!): Absicht/Ziel einer Bewegung: «um zu, mit der Absicht zu»

- 그는 선물을 사러 백화점에 갔어요. – Er ging ins Kaufhaus, um ein Geschenk zu kaufen.
- 저녁에 식사하러 우리 집에 오세요. – Kommen Sie am Abend zu uns nach Hause zum Essen. → Kommen Sie doch zum Abendessen zu uns.

▲ 주 Achtung bei unregelmäßigen Verben (vgl. Punkt 14.1 3), 14.7 1) und auch Punkt 10.)!

1. ㅅ-Ausfall, z.B. 짓다 (bauen) → 지으러
2. ㅂ → 우, z.B. 돕다 (helfen) → 도우러
3. ㄷ → ㄹ, z.B. 듣다 (hören) → 들으러

3) Vst -도록:

a) Kennzeichnet die Grenzen / das Ende einer Handlung (= resultativ): «bis, bis dass»

- 우리는 밤 새도록 이야기했어요. – *Wir unterhielten uns, bis die Nacht hell wurde.* → Wir unterhielten uns die ganze Nacht lang.
- 목이 터지도록 노래를 불렀어요. – *Sie sangen, bis ihre Hälse explodierten.* → Sie sangen aus voller Kehle.

b) Kennzeichnet das Ziel einer Handlung (= final): «damit, sodass»

- 교통사고가 나지 않도록 조심하세요. – Seien Sie vorsichtig, damit kein Verkehrsunfall passiert.
- 앞으로 늦지 않도록 노력하겠습니다. – Ich werde mich bemühen, in Zukunft nicht mehr zu spät zu kommen.

4) Vst -게: «damit, sodass, um zu»

- 모두가 듣게 큰 소리로 말했어요. – Ich sprach laut, damit es alle hören konnten.
- 춥지 않게 옷을 더 입으세요. – Ziehen Sie sich noch was an, damit Sie nicht frieren.

▲ 주 Eine intensivere Variante ist Vst -게끔:

- 모두가 다 보게끔 큰 글씨로 쓰세요. – Schreiben Sie es in großer Schrift, damit es alle sehen können.
- 6시에 저녁을 먹게끔 준비했어요. – Ich habe alles vorbereitet, damit wir um sechs zu Abend essen können.

14.8 Disjunktiv / Distributive Konjunktionalendungen

1) Vst -거나: Ausdruck einer Auswahl: «A oder B (machen/sein)», «entweder ... oder» (disjunktiv)

- 주말에는 영화를 보거나 책을 읽어요. – Am Wochenende schaue ich einen Film oder lese ein Buch.

- 이메일을 쓰거나 전화를 하세요. – Schreiben Sie mir eine E-Mail oder rufen Sie mich an.

⚠ 주 Bei Dopplung und gegensätzlichem Verbpaar Ausdruck der Gleichgültigkeit gegenüber der Auswahl zwischen diesen beiden Elementen. In dem Falle kann -거나 zu -건 gekürzt werden: «ganz gleich/egal ob ... oder» (distributiv)

- 공부를 했거나 안 했거나 시험은 봐야 해요. – Egal, ob man gelernt hat oder nicht, die Prüfung muss abgelegt werden.
- 그 선생은 학생들이 듣건 말건 혼자만 이야기하세요. – Ganz gleich, ob die Schüler zuhören oder nicht, der Lehrer erzählt einfach immer weiter vor sich hin.

2) Vst -든지: Ausdruck/Aufzählung einer Auswahl: «A oder B (machen/sein)», «entweder ... oder» (disjunktiv)

- 이번 여름에 태국에 가든지 라오스에 갈 거예요. – Diesen Sommer fahre ich entweder nach Thailand oder nach Laos.
- 한국 음식은 보통 맵든지 짜요. – Koreanische Speisen sind normalerweise scharf oder salzig.

⚠ 주1 Bei Dopplung und gegensätzlichem Verbpaar Ausdruck der Gleichgültigkeit gegenüber der Auswahl zwischen den beiden Elementen. In diesem Falle kann -든지 zu -든 gekürzt werden: «egal ob ... oder» (distributiv)

- 자동차가 비싸든지 싸든지 오늘은 사야 해요. – Egal, ob das Auto teuer oder billig ist, heute muss ich es kaufen.
- 비가 오든 안 오든 예정대로 갈 거예요. – Egal, ob es regnet oder nicht, wir werden wie geplant fahren.

⚠ 주2 Nach Fragewörtern Ausdruck der Gleichgültigkeit gegenüber einer Auswahl: «egal / ganz gleich, was/wer/wo/usw. immer ...»

- 저는 무슨 일이 있든지 약속을 지킵니다. – Ich halte mein Versprechen, was auch immer passieren mag.
- 네가 무엇을 하든지 난 상관하지 않겠다. – Was immer du auch tust, ich werde mich nicht einmischen / mich geht es nichts an.

14.9 Additive Konjunktionalendungen

1) Vst -(으)ㄹ 뿐(만)아니라: s. Punkt 3.1.2 10)

2) Vst -(으)ㄹ수록: Steigerung der Intensität: «je mehr ... desto/umso»

- 한국말은 공부할수록 재미있어요. – Die koreanische Sprache ist umso interessanter, je mehr man sie studiert. → Je mehr Koreanisch man lernt, desto interessanter wird es.
- 돈이 많을수록 걱정도 많아진다. – Je mehr Geld man hat, desto mehr Sorgen hat man auch.

⚠ 주 Bei der intensiveren Variante wird das V gedoppelt und mit der Konjunktionalendung verbunden:

- 한국말은 배우면 배울수록 더 어려워요. – Je mehr ich Koreanisch lerne, desto schwieriger wird es.
- 이 그림은 보면 볼수록 예뻐요. – Je mehr ich dieses Bild betrachte, umso schöner finde ich es.

3) Vst -거니와: «sowohl ... als auch», «nicht nur ... sondern auch»
- 여름에는 날씨도 덥거니와 습기도 많아요. – Im Sommer ist es nicht nur heiß, sondern es herrscht auch eine hohe Luftfeuchtigkeit.
- 돈도 없거니와 그런 일에는 돈을 쓰고 싶지 않습니다. – Ich habe nicht nur kein Geld, sondern möchte auch für solch eine Sache keins ausgeben.

⚠ 주 Meist mit EV oder EX und oft mit dem QM -도. Ein Befehls- oder Aufforderungssatz kann nicht folgen. Wird hauptsächlich schriftsprachlich verwendet.

4) Vst -(으)ㄴ/는가 하면: Gegenüberstellung zweier Handlungen/Zustände, Kontrast: «einerseits ... (und/aber) andererseits», «nicht nur ... sondern auch», «manchmal / manche so ... manchmal / manche so ...»
- 커피에다가 설탕만 넣는 사람이 있는가 하면 크림만 넣는 사람도 있다. – Einerseits gibt es Leute, die nur Zucker in den Kaffee tun, aber andererseits auch welche, die nur Sahne nehmen.
- 민수가 어떨 때는 철이 들었는가 하면 어떨 때는 어린 아이 같이 말하곤 한다. – Manchmal denkt man, dass Min-su schon erwachsen geworden ist, aber dann redet er manchmal wieder wie ein kleines Kind.

⚠ 주 Als Satzeinleiter (wie ein Satzadverb) gebraucht: 그런가 하면 «Andererseits ...»

- 그런가 하면 남아프리카까지 가는 철새도 있어요. – Andererseits gibt es auch Zugvögel, die bis nach Südafrika ziehen.

15. Attributivendungen bei Verben (관형사형 어미)

Attributsätze sind im Koreanischen immer dem Nomen vorangestellt (vgl. Punkt 2.1 «Altaisches Grundgesetz»). Um diesen adnominalen Anschluss zu gewährleisten, bilden die Verben Attributivendungen (auch Partizipialendungen genannt), die sich nach Verbart und Zeitform unterscheiden. Sie entsprechen den deutschen Relativsätzen. Zunächst die Übersicht:

	HV	EV	EX	KV
Gegenwart (현재)	-는	-(으)ㄴ	-는	-ㄴ
Vergangenheit/ Vollendung (과거/완료)	-(으)ㄴ	---	---	---
Vorvergangenheit/ Retrospektiv (과거/회상)	-(았/었)던	-(았/었)던	-(었)던	N-v: -(였)던 N-k:-(었)던
Zukunft (미래)	-(으)ㄹ	-(으)ㄹ	-을	-ㄹ

Beispiele 1. Spalte (vokalisch auslautendes HV):

- 한국에 가는 사람 – nach Korea fahrender Mensch → der Mensch, der nach Korea fährt
- 한국에 간 사람 – nach Korea gefahrener Mensch → der Mensch, der nach Korea gefahren ist
- 한국에 가던/갔던 사람 – nach Korea gefahren gewesener Mensch → der Mensch, der nach Korea gefahren war
- 한국에 갈 사람 – nach Korea fahren werdender Mensch → der Mensch, der nach Korea fahren wird

Beispiele 1. Spalte (konsonantisch auslautendes HV):

- 내가 먹는 김치 – der Kimchi, den ich esse
- 내가 먹은 김치 – der Kimchi, den ich gegessen habe
- 내가 먹던/먹었던 김치 – der Kimchi, den ich gegessen hatte
- 내가 먹을 김치 – der Kimchi, den ich essen werde

Beispiele 2. Spalte (vokalisch auslautendes EV):

- 키가 큰 아이 – das Kind, das groß ist → das große Kind

- 키가 크던/컸던 아이 – das Kind, das groß (gewesen) war
- 키가 클 아이 – das Kind, das groß sein wird

Beispiele 2. Spalte (konsonantisch auslautendes EV):

- 좋은 날 – ein Tag, der schön ist → ein schöner Tag
- 좋던/좋았던 날 – ein Tag, der schön (gewesen) war
- 좋을 날 – ein Tag, der schön sein wird

Beispiele 3. Spalte (EX):

- 있는 돈 – das Geld, das vorhanden ist → das vorhandene Geld
- 있던/있었던 돈 – das Geld, das vorhanden (gewesen) war
- 있을 돈 – das Geld, das vorhanden sein wird

Beispiele 4. Spalte (KV nach vokalisch auslautendem N):

- 배우인 유미 – Yu-mi, die Schauspielerin ist
- 배우이던/배우였던 유미 – Yu-mi, die Schauspielerin (gewesen) war
- 배우일 유미 – Yu-mi, die Schauspielerin sein wird

Beispiele 4. Spalte (KV nach konsonantisch auslautendem N)

- 학생인 철수 – Ch'ŏl-su, der Student ist
- 학생이던/학생이었던 철수 – Ch'ŏl-su, der Student (gewesen) war
- 학생일 철수 – Ch'ŏl-su, der Student sein wird

Bedeutungsunterschied zwischen -(으)ㄴ, -던 und -았/었던:
Während -(으)ㄴ bei HV die Vorzeitigkeit eines Geschehens mehr im Sinne seines Abgeschlossen- oder Vollendetseins meint, drückt -던 die Vorzeitigkeit ohne Betonung seines Abschlusses / seiner Vollendung aus, sondern mehr im Sinne des Verlaufs in der Vergangenheit und des inzwischen erfolgten Abbruchs. Logischerweise wird bei EV und KV, die keine vollendungsfähigen Geschehen, sondern Eigenschaften/Zustände bezeichnen, die Attributivform der Vorzeitigkeit nicht mit -(으)ㄴ, sondern mit -던 gebildet. (Damit erklärt sich auch, dass -(으)ㄴ als HV-Attributivform der Vorzeitigkeit bei den EV zur Gegenwartsform wird: Die Eigenschaft / Der Zustand wurde sozusagen erreicht und ist jetzt in der Gegenwart vorhanden.)

- 나에게는 아버지가 쓰던 만년필이 있어요. – Ich besitze einen Füllfederhalter, den (schon) mein Vater (früher immer) benutzt hat.
  (= Betonung des Andauerns des Geschehens in der Vergangenheit)

- 이 교실은 내가 학생 때 강의를 받은 교실이에요. – In diesem Seminarraum hatte ich als Student Unterricht. (= keine Betonung eines Andauerns; Abgeschlossenheit des Geschehens in der Vergangenheit)

Bei HV betont -았/었던 den Abbruch/Abschluss des in der Vergangenheit stattgefundenen Geschehens; bei EV die inzwischen erfolgte Änderung des erreichten Zustandes (der dann meist schon lange zurückliegt).

- 어제 왔던 사람이 또 왔어요. – Die Person, die gestern gekommen war, ist heute schon wieder gekommen.
- 옛날에는 컸던 이 호수는 말라서 작아졌다. – Dieser See, der früher einmal groß gewesen war, ist ausgetrocknet und dadurch kleiner geworden.

⚠ 주 Ausnahmen bei unregelmäßigen Verben (vgl. auch Punkt 10., Punkt 14.3 und 14.4):

HV: Formänderungen bei Vergangenheit und Zukunft, EV bei Gegenwart und Zukunft

1) ㅅ-Ausfall
   - 작년에 지은 집 – das Haus, das letztes Jahr gebaut wurde (HV Vergangenheit)
   - 내년에 지을 집 – das Haus, das nächstes Jahr gebaut werden wird (HV Zukunft)
2) ㅂ wird zu 우
   - 나를 도운 사람 – der Mensch, der mir geholfen hat (HV Vergangenheit)
   - 나를 도울 사람 – der Mensch, der mir helfen wird (HV Zukunft)
   - 더운 날 – ein warmer Tag (EV Gegenwart)
   - 추운 날씨 – kaltes Wetter (EV Gegenwart)
3) ㄷ wird zu ㄹ
   - 어제 콘서트에서 들은 음악 – die Musik, die ich gestern auf dem Konzert gehört habe (HV Vergangenheit)
   - 내일 콘서트에서 들을 음악 – die Musik, die ich morgen auf dem Konzert hören werde (HV Zukunft)
4) ㄹ-Ausfall
   - 그것을 안 교수 – der Professor, der das wusste (HV Vergangenheit)
   - 그것을 알 교수 – der Professor, der das wissen wird (HV Zukunft)
   - 긴 거리 – eine weite Strecke/Entfernung (EV Gegenwart)

5) ㅎ-Ausfall

- 그런 사람 – ein solcher Mensch (EV Gegenwart)
- 그럴 사람 – ein Mensch, der so sein wird (EV Zukunft)

16. Indirekte Rede (간접화법)

Die auch als Quotativ bezeichnete Modalkategorie des Anführens, Zitierens und Hörensagens wird gebildet, indem die höflichkeitsneutrale Form der 2. Sprechstufe (해라-Stufe) in der jeweiligen Satzart und Zeitform mittels der KE -고 mit dem Satzschlussprädikat verbunden wird. Eine Ausnahme bilden lediglich die KV, die mit -라 angeschlossen werden (obwohl sie in der 2. Sprechstufe auf -다 enden). Das Satzschlussprädikat ist in der Regel 하다, als Kurzform von 말하다 «sagen». Es können aber auch alle anderen Verben des Sagens, Denkens und Fühlens verwendet werden. Es folgt eine Übersicht.

Übersicht indirekte Rede (간접화법)

	HV	EV	EX	KV	Alle Verbarten	
	Gegenwart				Vergangenheit	Zukunft
Aussagesatz (서술문)	v **–ㄴ다** > 간다고 했다 k **–는다** > 먹는다고 했다	v, k **–다** > 크다고 했다, 좋다고 했다	**–다** > 있다고 했다, 없다고 했다	v **–라** > 사과라고 했다 k **–이라** > 책이라고 했다	**–았/었다** > 갔다고 했다, 컸다고 했다, 없었다고 했다, 책이었다고 했다	**–겠다** > 가겠다고 했다, 좋겠다고 했다, 있겠다고 했다
Kontraktions-form	v **–ㄴ대** > 간대 k **–는대** > 먹는대	v, k **–대** >크대, 좋대	**–대** > 있대, 없대	v **–래** > 사과래 k **–이래** > 책이래	**–았/었대** > 갔대, 없었대	**–겠대** > 가겠대
Fragesatz (의문문)	v, k **–(느)냐** > 가(느)냐고 물었다, 먹(느)냐고 물었다	v **–냐** > 크냐고 물었다 k **–으냐** > 좋으냐고 물었다	v, k **–(느)냐** > 있(느)냐고 물었다, 없(느)냐고 물었다	v **–냐** >사과냐고 물었다 k**–이냐** > 책이냐고 물었다	**–았/었(느)냐** > 갔(느)냐고 물었다, 먹었(느)냐고 물었다, 책이었(느)냐고 물었다	**–겠(느)냐** > 가겠(느)냐고 물었다, 먹겠(느)냐고 물었다, 있겠(느)냐고 물었다
Befehlssatz (명령문)	v **–라** > 가라고 했다 k **–으라** > 먹으라고 했다	—	**–으라** > 있으라고 했다	—	—	—
Kontraktions-form	v **–래** > 가래 k **– 으래** > 먹으래		**–으래** > 있으래			
Adhortativ-satz (청유문)	v, k **–자** >가자고 했다, 먹자고 했다	—	**–자** > 있자고 했다	—	—	—

HV – Handlungsverben (동사), EV – Eigenschaftsverben, (형용사), EX – Existenzverben (존재사), KV – Kopulaverben (지정사)
v – vokalisch auslautend, k – konsonantisch auslautend

Beispiele 1. Spalte:

- 다음 달에 한국에 간다고 했어요. – Er/Sie hat gesagt, dass er/sie nächsten Monat nach Korea fährt.
- 무엇을 먹냐고 물었다. – Er/Sie hat gefragt, was ich esse / wir essen.
- 빨리 집에 가라고 했다. – Er/Sie hat gesagt, dass ich schnell nach Hause gehen soll.
- 오늘 저녁에 불고기를 먹자고 했어요. – Er/Sie hat gesagt, dass wir heute Abend Pulkogi essen sollten.

Beispiele 2. Spalte :

- 한국에는 지금 날씨가 아주 좋다고 해요. – Er/Sie sagt / Es heißt, dass das Wetter in Korea jetzt sehr schön sei. / Das Wetter in Korea soll jetzt sehr schön sein.
- 여기는 모기가 왜 이렇게 많으냐고 물었어요. – (Irgendjemand) fragte, warum es hier so viele Mücken gibt.

Beispiele 3. Spalte :

- 시간이 있다고 해요. – Er/Sie sagte, er/sie hätte Zeit.
- 왜 돈이 없냐고 물었다. – Er/Sie fragte, warum ich kein Geld hätte.
- 여기 잠깐 있으라고 했다. – Er/Sie sagte, ich solle einen Moment hier bleiben.

Beispiele 4. Spalte:

- 학생이라고 했어요. – Er sagte, er sei Student.
- 어치라고 해요. – Er/Sie sagt, dass sei ein Eichelhäher.
- 이 새는 까치냐고 물었다. – Er/Sie fragte, ob dieser Vogel eine Elster sei.

Beispiele 5. Spalte:

- 영국에 갔다고 했어요. – Er/Sie sagte, er/sie sei nach England gefahren.
- 그 사람을 언제 만났냐고 물었어요. – Er/Sie fragte (mich), wann ich ihn getroffen habe.

Beispiele 6. Spalte:

- 곧 우체국에 가겠다고 했어요. – Ich sagte, dass ich gleich zur Post gehen würde.
- 몇 시에 도서관에 가겠냐고 물었어요. – Er/Sie fragte (mich), um wie viel Uhr ich in die Bibliothek gehen werde.

⚠ 주1 Im Normalfall wird das Subjekt des übergeordneten Satzes (Anführsatzes) mit dem Topik-Marker -은/는 und das Subjekt des abhängigen Satzes der indirekten Rede mit dem Subjekt-Marker -이/가 gekennzeichnet.

- 철수는 사라가 테니스를 잘 친다고 했다. – Ch'ŏl-su hat gesagt, dass Sarah gut Tennis spiele.

⚠ 주2 Für 주다 «geben» (auch in der Funktion als Hilfsverb) wird als Imperativform 달라 verwendet, sofern das Geben zwischen Sprecher und Hörer geschieht. Ist eine dritte Person involviert, wird ganz regelmäßig die Form 주라 verwendet.

- 그는 나에게 그 책을 달라고 했다. – Er sagte, ich möge ihm (bitte) das Buch geben.
- 나는 장선생에게 이 문장의 뜻을 설명해 달라고 부탁했다. – Ich bat Frau Chang, mir den Sinn dieses Satzes zu erklären.
- 그는 나보고 사라에게 그 책을 주라고 했다. – Er bat mich, Sarah dieses Buch zu geben.
- 그는 민수씨를 도와 주라고 했다. – Er bat mich, Min-su zu helfen.

17. Nominalisierungen (명사화)

Für die Verben gibt es drei verschiedene Möglichkeiten der Nominalisierung: -기, -(으)ㅁ und -는/은/을 것.

17.1 Nominalform der Verben auf -기

Als Substantive, die auch mit KM und QM markiert werden können, entsprechen Nominalformen auf -기 den deutschen Deverbativa bzw. substantivierten Infinitiven.

- 달리다 (laufen) → 달리기 – der Lauf, das Laufen
- 책(을) 읽다 (Bücher lesen) → 책읽기 – das Bücherlesen

Syntaktisch gesehen bildet die Nominalform auf -기 das Prädikat eines untergeordneten (eingebetteten) Satzes, der in einem übergeordneten Satzrahmen verschiedene Satzgliedstellen einnehmen kann. Die deutsche Entsprechung ist in der Regel ein Infinitiv, meist mit *zu*.

1) Vst -기가: Bildung von Subjektsätzen
   - 한국말을 배우기가 참 어려워요. – Koreanisch zu lernen ist wirklich schwer.
   - 외국에서 살기가 재미있을 것 같다. – Im Ausland zu leben scheint interessant zu sein.
2) Vst -기(를): Bildung von Objektsätzen:
   - 이 광고 사업으로 성공하기를 빕니다. – Ich hoffe, dass Sie mit diesem Werbeprojekt Erfolg haben.
   - 그는 자기 실수를 인정하기를 꺼렸다. – Er war nicht bereit, seinen Fehler einzugestehen.
3) Vst -기는: Kontrast, Betonung (oft mit 하다 oder unter Wiederholung des Verbes)
   - 그분을 만나기는 하겠습니다. – Treffen werde ich ihn (aber sonst nichts weiter).
   - 그 사람 전화번호를 듣기는 들었는데 잊어 버렸어요. – Gehört habe ich seine Telefonnummer schon, aber dann wieder vergessen.

17.2 Nominalisierte Formen auf -(으)ㅁ

Mit -(으)ㅁ gebildete Verbalsubstantive finden häufig als selbstständige Stichwörter Aufnahme im Lexikon; in diesen Fällen kann -(으)ㅁ als Wortbildungssuffix betrachtet werden.

- 느끼다 (fühlen) → 느낌 – das Gefühl
- 웃다 (lachen) → 웃음 – das Lachen

Syntaktisch gesehen kann die Nominalform auf -(으)ㅁ (ähnlich wie die Nominalform auf -기) das Prädikat eines untergeordneten Satzes bilden. Die deutsche Entsprechung ist in der Regel ein dass-Satz mit finitem Verb. Im Gegensatz zu denjenigen auf -기 haben die Nominalformen auf -(으)ㅁ einen überwiegend schriftsprachlichen bzw. förmlichen Charakter. Zudem bezeichnen sie meist einen bereits eingetretenen oder entschiedenen Sachverhalt. Ganz allgemein kann man sagen: -기 ist dynamischer, -(으)ㅁ dagegen statischer. Bei bestimmten Verben ist dieser Unterschied klar zu sehen z.B.: 죽다 – sterben, 죽기 – das Sterben, 죽음 – der Tod

1) Vst -(으)ㅁ이: Bildung von Subjektsätzen
   - 그가 돈이 많음이 분명하다. – Dass er viel Geld hat, ist offensichtlich.
   - 그 사람이 아직도 살아 있음이 사실이다. – Tatsache ist, dass er noch am Leben ist.
2) Vst -(으)ㅁ을: Bildung von Objektsätzen
   - 우리는 그가 성실한 사람임을 이제서야 깨달았다. – Erst jetzt haben wir erkannt, dass er ein aufrichtiger Mensch ist.
   - 그가 결혼했음을 모르고 있었다. – Ich wusste nicht, dass er geheiratet hatte.
3) Vst -(으)ㅁ: Satzschlussendung bei kurzen offiziellen Ankündigungen, Hinweisen, Verboten etc.
   - 관계자 이외에는 들어오지 못함 – Für Unbefugte Zutritt verboten.
   - 아르바이트 구함 – Aushilfskräfte gesucht.

⚠ 주1 Achtung bei unregelmäßigen Verben, vgl. auch Punkt 10., Punkt 14.3 2) und 14.4 1)!

1. ㅅ-Ausfall, z.B. 짓다 (bauen) → 지음
2. ㅂ → 우, z.B. 돕다 (helfen) → 도움
3. ㄷ → ㄹ, z.B. 듣다 (hören) → 들음

Aber: kein ㄹ-Ausfall, sondern Bildung des Doppel-Schlusskonsonanten ㄻ. Beispiel: 들다 (eintreten, nehmen usw.) → 듦

17.3 Nominalisierte Formen auf Vst -는/(으)ㄴ/(으)ㄹ 것

Die Konstruktion «attributive Verbform + 것 (Ding, Sache)» hat verschiedene Funktionen.

1) Sie ist zunächst eine im Koreanischen (sowohl in der mündlichen als auch in der Schriftsprache) sehr beliebte Umschreibung im Sinne von «die Sache/ Tatsache, dass jd. irgendetwas macht / dass irgendetwas passiert / etc.»

- 나는 비가 오는 것을 봤어요. – Ich sah, dass es / wie es regnete.

⚠ 주 Obwohl das Satzschlussprädikat in der Vergangenheit ist, bleibt die Attributform (오는) in der Gegenwart = Problem der relativen Tempora.

2) Mit -는/(으)ㄴ/(았/었)던 것 + KV -이다 wird eine Streckform des Prädikats gebildet, die eine hervorhebende/bekräftigende Funktion hat (vgl. 3.1.2 1)).

- 이 옷은 남대문시장에서 샀다. – Die Sachen habe ich auf dem Namdaemun-Markt gekauft.
  → 이 옷은 남대문시장에서 산 것이다. – Das sind Sachen, die ich auf dem Namdaemun-Markt gekauft habe.
- 이게 아주 좋아요. – Das ist sehr gut.
  → 이게 아주 좋은 거예요. – Das ist eine sehr gute Sache.

3) Ersatzform für die Nominalisierung vor allem auf -(으)ㅁ, aber auch auf -기, im weniger förmlichen, umgangssprachlichen und mündlichen Sprachgebrauch. Einen Bedeutungsunterschied gibt es im Allgemeinen nicht (siehe aber Anmerkung unten).

- 골프 치기가 쉽지 않아요. → 골프 치는 것이 쉽지 않아요. – Golf spielen ist nicht leicht.
- 거짓말했음을 인정했어요. → 거짓말한 것을 인정했어요. – Ich gab zu, gelogen zu haben.

⚠ 주 Vor allem bei Wegfall des Subjekts drücken Konstruktionen mit -기 mehr allgemeingültige Aussagen/Tatsachen aus, während solche mit -는/(으)ㄴ 것 eher sprecherbezogen sind.

- 여기서 스키 타기가 좋아요. – Hier lässt es sich gut Ski fahren.
- 여기서 스키 타는 것이 좋아요. – Hier fahre ich gern Ski.

18. Modale Ausdrücke (양태식 표현)

18.1 Ausdruck eines Beschlusses/Vorhabens

HVst, EXst -기로 하다: «beschließen / sich verabreden, etw. zu tun», «vorhaben, etw. zu tun»

- 오늘은 집에 있기로 했다. – Ich beschloss heute zu Hause zu bleiben.
- 우리는 내일 떠나기로 한다. – Wir werden morgen abreisen.

⚠ 주1 Die Konstruktion wird in der Regel mit der 1. Person Singular/Plural verwendet und tritt meist mit 하다 in der Vergangenheitsform auf.

⚠ 주2 Vor -기로 kann keine Vergangenheitsendung stehen.

⚠ 주3 Anstelle von 하다 können auch andere semantisch verträgliche Verben, wie z. B. 결정하다 «beschließen», 약속하다 «versprechen» etc. verwendet werden.

18.2 Ausdruck eines Plans / einer Absicht

HVst, EXst -(으)려고 하다: «wollen, beabsichtigen/planen zu»

- 내일 한국대사관에 가려고 해요. – Morgen will ich in die koreanische Botschaft gehen.
- 여기서 누구와 만나려고 해요? – Mit wem willst du dich hier treffen?

Die Verneinung wird in der Regel beim Hilfsverb gesetzt, kann aber auch beim Hauptverb stehen.

- 아이는 전혀 아무것도 먹으려고 하지 않았다. – Das Kind wollte absolut nichts essen.
- 그는 이 책을 읽지 않으려고 합니다. – Er beabsichtigt nicht, dieses Buch zu lesen.

18.3 Ausdruck eines Wunsches

HVst, EXst -고 싶다/-고 싶어하다: «möchten»

Die Konstruktion -고 싶다 wird für die 1. Person und die 2. Person in Fragesätzen, -고 싶어하다 für die 3. Person und die 2. Person in Aussagesätzen verwendet.

- 뉴질랜드에 가고 싶어요. – Ich möchte nach Neuseeland fahren.
- 너도 가고 싶어? – Möchtest du auch fahren?

- 너도 가고 싶어하니까 같이 가자. – Da/Wenn du auch fahren möchtest, dann lass uns zusammen fahren.
- 민수가 이탈리아어를 공부하고 싶어해요. – Min-su möchte Italienisch studieren.

⚠ 주1 Zu beachten besonders bei der 2. Sprechstufe und bei Attributformen: 싶다 ist eigentlich ein EV («erwünscht sein»), nur 싶어하다 ein HV.

- 그곳에 가고 싶다. – *Zu diesem Ort möchte ich gehen.* → Da möchte ich hin.
- 내가 가고 싶은 곳 – der Ort, zu dem ich möchte
- 그녀는 유명한 가수가 되고 싶어한다. – Sie möchte eine berühmte Sängerin werden.
- 유명한 가수가 되고 싶어하는 그녀 – die Frau, die eine berühmte Sängerin werden möchte

Dadurch ist auch zu erklären, dass bei -고 싶다 gelegentlich ein Subjekt-Marker erscheint, wo vom Verb her eigentlich ein Objekt-Marker stehen müsste.

- 나는 이 영화가 보고 싶다. (eigentlich 영화를, denn 보다 ist ein transitives Verb) – *Für mich ist dieser Film zu sehen erwünscht.* → Ich möchte mir diesen Film ansehen.

Ein Wunsch im Sinne von «es wäre schön, wenn ...» kann auch mit -았/었으면 하다/좋다 ausgedrückt werden, s. Punkt 14.4 1).

18.4 Ausdruck des Müssens / einer Notwendigkeit (Debitiv, Nezessitativ):

a) Vst -아/어야 하다/되다: «müssen»

- 교통 규칙을 지켜야 한다. – Die Verkehrsregeln müssen eingehalten werden.
- 오후에는 지방에 출장을 가야 돼요. – Am Nachmittag muss ich auf Dienstreise in die Provinz fahren.

In der mündlichen Sprache / Umgangssprache wird meist -아/어야 되다 benutzt, -아/어야 하다 mehr in der Schriftsprache / förmlichen Sprache.

b) 안 Vst -(으)면 / Vst -지 않으면 안 되다: *«wenn jd. etwas nicht tut, dann geht das nicht»* → «müssen, sollen»; «nicht umhin können, etwas zu tun»

- 공부를 열심히 하지 않으면 안 된다/공부를 열심히 안 하면 안 돼요. – Sie sollten fleißig studieren.

18.5 Ausdruck einer Erlaubnis

-아/어도 되다: *«selbst wenn man das tut, dann wird es»* → «dürfen»

- 이 박물관 안에서는 사진 찍어도 돼요. – In diesem Museum dürfen Sie fotografieren.
- 지금 가도 됩니까? – Darf ich jetzt gehen?

In der mündlichen Sprache können statt 되다 auch andere semantisch kompatible Verben wie z. B. 괜찮다 (in Ordnung sein, nichts ausmachen) oder 좋다 (gut sein) verwendet werden.

- 이 옷 한번 입어 봐도 괜찮아요? – Darf/Kann ich diese Sachen mal anprobieren?

18.6 Ausdruck eines Verbots (Prohibitiv)

HVst, EXst -(으)면 안 되다: *«wenn jd. etwas tut, dann geht das nicht»* → «nicht dürfen»

- 교실에서 핸드폰을 사용하면 안 된다. – Im Unterrichtsraum dürfen Sie keine Handys benutzen.
- 늦으면 안 됩니다. – Sie dürfen sich nicht verspäten.

Zum Ausdruck eines stärkeren Verbotes benutzt man auch -아/어서는 안 되다.

- 길에 쓰레기를 버려서는 안 됩니다. – Werfen Sie keine Abfälle auf die Straße.

Zum verneinten Imperativ mit -지 말다 s. Punkt 12.1 b)

18.7 Ausdruck des Könnens/Nicht-Könnens

Vst -(으)ㄹ 수 있다/없다: «können / nicht können» S. Punkt 3.1.2 11) a)

18.8 Ausdruck einer Fähigkeit/Nicht-Fähigkeit

Vst -(으)ㄹ 줄 알다/모르다: «können / nicht können»; «(nicht) fähig / in der Lage sein, etwas zu tun»; s. Punkt 3.1.2 13) a)

18.9 Ausdruck eines Versprechens/Vorschlags, einer Aufforderung

Vst -도록 하다: «dafür sorgen, dass ...»; «sicherstellen, dass ...»; «zusehen, dass ...»

- 앞으로 조심하도록 하겠습니다. – In Zukunft werde ich mich vorsehen.
- 배가 고프면 식사하도록 해요. – Wenn Sie Hunger haben, sollten Sie etwas essen.

⚠ 주 Weitere Funktionen von -도록 s. Punkt 14.7 3)

18.10 Ausdruck einer Wahrscheinlichkeit/Mutmaßlichkeit

1) Vst -(으)ㄹ 것이다: s. Punkt 3.1.2 1) b)
2) Vst -겠-: s. Punkt 9.3.4 3) und 4)
3) Vst -(으)ㄴ/는/(으)ㄹ 것 같다: s. Punkt 3.1.2 1) d)
4) Vst -(으)ㄴ/는/(으)ㄹ 모양이다: s. Punkt 3.1.3 6)

18.11 Ausdruck eines Vorschlags / einer vorsichtigen Frage

Vst -(으)ㄹ까(요)? «Soll ich ... / Wollen wir ...?»

- 영화를 보러 갈까요? – Wollen wir uns einen Film anschauen gehen?
- 음악을 들을까? – Wollen wir Musik hören?

⚠ 주 Die Konstruktion -(으)ㄹ까 hat noch weitere Funktionen, u. a.:

1) Zweifelnde Frage im Selbstgespräch:
   - 내일은 날씨가 따뜻할까? – Ob das Wetter morgen warm wird?
   - 이 안에 뭐가 들어 있었을까? – Was war hier eigentlich drin?
2) Eine Aufmerksamkeit erheischende Frage in Aufsätzen, Zeitungsartikeln etc.:
   - 삶이란 과연 무엇일까? – Was ist das eigentlich, das Leben?
   - 이러한 문제는 왜 발생하였을까? – Warum ist dieses Problem entstanden?
3) In Verbindung mit 하다 (und einigen anderen Verben): Ausdruck einer Überlegung oder auch Vermutung.
   - 이번 방학에 영국에 갈까 해요. – Ich überlege, ob ich in diesen Ferien nach England fahre.

Index